Hoffmann | Der goldne Topf

W0084977

Lektüreschlüssel XL

für Schülerinnen und Schüler

E. T. A. Hoffmann

Der goldne Topf

Von Martin Neubauer

Reclam

Dieser Lektüreschlüssel bezieht sich auf folgende Textausgabe:
E. T. A. Hoffmann: *Der goldne Topf*. Hrsg. von Heike Wirthwein.
Stuttgart: Reclam, 2016 [u. ö.]. (Reclam XL. Text und Kontext,
19233.)
Diese Ausgabe des Werktextes ist seiten- und zeilengleich
mit der in Reclams Universal-Bibliothek Nr. 101.

E-Book-Ausgaben finden Sie auf unserer Website
unter www.reclam.de/e-book

3., durchgesehene Auflage

Lektüreschlüssel XL | Nr. 15470
2017 Philipp Reclam jun. GmbH & Co. KG,
Siemensstraße 32, 71254 Ditzingen
Druck und Bindung: Canon Deutschland Business Services GmbH,
Siemensstraße 32, 71254 Ditzingen
Printed in Germany 2018
RECLAM ist eine eingetragene Marke
der Philipp Reclam jun. GmbH & Co. KG, Stuttgart
ISBN 978-3-15-015470-0

Auch als E-Book erhältlich

www.reclam.de

Inhalt

1. Schnelleinstieg

Autor		E. T. A. Hoffmann (1776–1822), deutscher Schriftsteller, Maler und Komponist
Gattung		Kunstmärchen
Epoche		Romantik (ca. 1795–1848)
Veröffentlichung		1814 veröffentlicht, 1819 nochmals überarbeitet
Ort und Zeit der Handlung	1. Erzählebene: Niederschrift des Kunstmärchens (vierte, siebte, zehnte und zwölfte Vigilie)	Dachstübchen des Erzählers in Dresden. Der Beginn ist nicht bezeichnet, Ende nach dem 4. Februar. Dauer: zwölf Nächte (Vigilien)
	2. Erzählebene: Handlung in der bürgerlichen Welt	Dresden. Beginn am Himmelfahrtstag, also im Mai, bis 4. Februar des Folgejahrs – dies ergibt eine erzählte Zeit von ca. 10 Monaten
	3. Erzählebene: Atlantis-Mythos (dritte, siebte und zwölfte Vigilie)	Ort: entgrenzt (nicht auf Dresden beschränkt). Zeit nicht fixierbar, am Ende mit einer Unendlichkeitsvision

Onomatopoesie = Lautmalerei

Abb. 1: Umspringbild: Salvador Dalí, Studie zum Sklaven-markt. – © Salvador Dalí. Fundació Gala – Salvador Dalí / VG Bild-Kunst, Bonn 2017.

Mit Vexier- oder Umspringbildern kann man in der Psychologie die Eigenarten des Gesichtssinns bei der Erfassung der Umwelt demonstrieren. Ein und dasselbe Bild erscheint einem einmal als Vase, das andere Mal als zwei einander zugewandte Gesichtsprofile – doch nie kann man beide Darstellungen zusammen wahrnehmen. Auch in die bildende Kunst haben solche optischen Täuschungen Eingang gefunden, etwa beim katalanischen Surrealisten Salvador Dalí: In der hier abgebildeten Studie erscheint der Durchgang zu einem orientalischen Sklavenmarkt auf einmal als Büste des französischen Philosophen Voltaire.

Ebenso ist E. T. A. Hoffmanns 1814 veröffentlichtes Märchen *Der goldne Topf* ein Umspringbild, freilich ein literarisches, denn man kann es auf mehrerlei Art lesen. »Ein Märchen aus der neuen Zeit« verkündet der Untertitel, und als solches weist sich die Erzählung schon durch ihren Inhalt aus: Von einem Magier wird da berichtet und von seiner Feindin, einer Hexe; von Verwünschungen, wunderbaren Verwandlungen und Verzauberungen ist die Rede, von Salamandern und Erdgeistern, von verführerischen Schlangen und einem sprechenden Türklopfer, einem Zaubergarten und natürlich von einem goldenen Topf. Und am Schluss löst sich alles in einem Happy End auf, wie es sich für ein Märchen eben gehört.

Oder doch nicht? Muss man die ganze Geschichte wirklich ernst nehmen? Ist das, was den Figuren widerfahren ist, in Wirklichkeit nur Einbildung gewesen? Hat es sich bei all dem Wunderbaren in Wahrheit nur um Sinnestrug gehandelt? Hoffmanns Märchen spielt nicht im unbestimmten Irgendwo, sondern im zeitgenössischen Dresden, in einer aufgeklärten Zeit, die das Phantastische mit der Hilfe des Verstandes zu entzaubern versucht, in der die Welt von der Vernunft her gedeutet wird.

Alles ist logisch erklärbar – und auch wiederum nicht. Und so bleibt am Ende die Frage offen, was man eigentlich gelesen hat: tatsächlich ein Märchen oder die Geschichte eines Menschen, der sich in einem

■ *Der goldne Topf,* ein literarisches Umspringbild

Märchen wähnt. Das Irritierende daran ist, dass der Autor Hoffmann darauf keine eindeutige Antwort gibt, vielmehr alles in der Schwebe lässt. Der Text bleibt offen für mehrere Lesarten – so wie ein Umspringbild nicht nur ein einziges Bild in sich vereinigt.

■ Vielschich-
tigkeit

All das lässt vielleicht eine schwer verständliche Geschichte vermuten. Tatsächlich hat *Der goldne Topf* bis heute zahlreiche Interpreten zu unterschiedlichsten Stellungnahmen angeregt – doch sollte man sich davon als Leser nicht einschüchtern lassen: So wie ein Vexierbild vergnüglich anzusehen ist, so ist auch Hoffmanns Märchen dank seiner sprühenden Einfälle und der darin waltenden Ironie bis heute eine lohnende, unterhaltsame Lektüre geblieben – nicht trotz, sondern eben wegen seiner Vielschichtigkeit.

2. Inhaltsangabe

Erste Vigilie: Der Student Anselmus ist ein rechter Tollpatsch und Pechvogel, stolpert er doch vor dem Schwarzen Tor in Dresden aus lauter Ungeschicklichkeit in den Äpfel- und Kuchenkorb eines alten Marktweibes. Das ruft dem Davoneilenden seltsame Worte nach: »Ja renne – renne nur zu, Satanskind – ins Kristall bald dein Fall – ins Kristall!« (S. 5).

Anselmus zieht sich an eine abgeschiedene Stelle nahe der Elbe zurück, wo er, unter einem Holunderbaum Pfeife rauchend, seine bisher durchlittenen Unglücksfälle Revue passieren lässt und unerfüllbaren Karriereträumen nachhängt. Plötzlich geschieht etwas Wunderbares: Er vernimmt in der Einsamkeit liebliche Klänge und geheimnisvolle Worte, und im Baum erspäht er drei kleine grüngoldene Schlangen. Eine davon fesselt ihn mit ihrem zutiefst irritierenden, hypnotischen Blick. Mit dem Untergang der Sonne lässt eine raue Stimme aus der Ferne den zauberischen Spuk jäh verschwinden.

■ Anselmus begegnet Serpentina

Zweite Vigilie: Anselmus, von einer promenierenden Bürgerfamilie dabei überrascht, wie er gerade mit dem Holunderbaum spricht, ergreift peinlich berührt die Flucht und trifft zufällig auf den mit ihm befreundeten Konrektor Paulmann, der in Begleitung seiner beiden Töchter sowie des Registrators Heerbrand am Elbufer unterwegs ist. Gemeinsam setzt man über den Fluss, da glaubt Anselmus, im Widerschein eines nächtlichen Feuerwerks die goldenen

■ Anselmus begegnet Veronika Paulmann

Schlänglein im Wasser zu erkennen, und geht vor Aufregung fast über Bord. Das seltsame Verhalten des Studenten liefert der kleinen Gruppe Gesprächsstoff über die rationale Erklärung von Wachträumen.

Der Einladung ins paulmannsche Haus Folge leistend, begleitet Anselmus die ältere Tochter des Hausherrn, die hübsche Veronika, auf dem Klavier. Der Konrektor und der Registrator machen Anselmus das Angebot, beim Archivar Lindhorst, einem alten, verschrobenen Gelehrten, Manuskripte zu kopieren.

Es scheint, als sei die Unglücksserie unterbrochen. Doch als sich der Student am folgenden Mittag bei seinem neuen Brotherrn vorstellen möchte, bemerkt er mit Entsetzen, dass sich der Klopfer an dessen Haustür vor seinen Augen in die Fratze des alten Äpfelweibs und die Klingelschnur in eine Würgeschlange verwandelt. Anselmus verliert das Bewusstsein und erwacht zu Hause in Gegenwart seines besorgten Gönners Paulmann.

Dritte Vigilie: Im Laufe des Kapitels erfährt man, wie sich der Vorfall aus der Sicht des Konrektors zugetragen hat. Ein altes Äpfelweib habe sich bereits um den besinnungslosen Anselmus gekümmert, als ihn der zufällig vorbeikommende Paulmann vor dem Haus des Archivars vorfand. Der Konrektor und der Registrator beschließen, für den Abend in einem Kaffeehaus ein Treffen zwischen dem Studenten und dem Archivar Lindhorst zu arrangieren.

Dieser entpuppt sich als recht seltsamer Zeitgenosse, der mit seinen märchenhaften, aber ernst gemein-

■ Anselmus begegnet dem Archivarius

ten Geschichten über seine Familie die versammelte Runde unfreiwillig in ungläubige Heiterkeit versetzt: So sei er selbst niemand anderer als ein Abkömmling einer königlichen Feuerlilie, der sich am Totenbett seines Vaters vor 385 Jahren mit seinem Bruder zerstritten habe, welcher bis heute in Gestalt eines Drachens in der Gegend von Tunis über einen geheimnisvollen Edelstein wacht. Trotz des merkwürdigen Eindrucks, den Lindhorst nicht nur deswegen auf ihn macht, beschließt Anselmus, tags darauf bei ihm unter allen Umständen vorstellig zu werden.

Vierte Vigilie: Melancholie und brennender Liebesschmerz zerreißen Anselmus zu sehr das Herz, als dass er ohne weiteres seine Stelle als Kopist antreten könnte. Stattdessen streift er in der Zeit um Sonnenuntergang regelmäßig in der Gegend des Holunderbaumes herum und vergeht vor Sehnsucht nach dem Schlänglein mit den blauen Augen.

■ Anselmus' Liebeskummer

Eines Abends wird er von derselben Stimme erschreckt, die seine schicksalhafte Begegnung so plötzlich hat enden lassen. Niemand anderer als Lindhorst ist es, der Anselmus überrascht und sich von ihm seine bisherigen Abenteuer erzählen lässt. Der Archivar zeigt sich über das, was ihm Anselmus berichtet, allerdings wohlinformiert, stellt er sich bei ihm doch als Vater der drei bezaubernden Schlänglein vor, deren eine – Serpentina mit Namen – es dem Studenten so angetan hat. Zu dessen Entzücken lässt er seine Töchter mithilfe seines magischen Ringes erscheinen und gibt, bevor er sich von Anselmus verabschiedet, ihm noch eine Essenz mit auf den Weg, die ihn gegen die Hexereien des bösen Äpfelweibs schützen soll.

Fünfte Vigilie: Zukunftsspekulationen und Zukunftshoffnungen stehen im Mittelpunkt dieses Kapitels.

Zunächst äußert sich Registrator Heerbrand voll Lob über Anselmus, dem er eine erfolgreiche Beamtenlaufbahn verheißt. Das führt dazu, dass Veronika sehnsuchtsvoll von einem bürgerlichen Idyll an seiner Seite träumt.

Die Träumereien werden jedoch zunächst von Anselmus selbst gestört, schließlich von einer spukhaften Erscheinung, die Veronikas Hoffnungen verhöhnt und nur von ihr, nicht aber von ihrer Schwester wahrgenommen werden kann. Entsprechend verunsichert, wird Veronika von zwei zu Besuch kommenden Freundinnen vorgefunden. Eine berichtet von einer Weissagung, mit der sie sich von einer alten Frau Beruhigung über das Schicksal ihres Geliebten geholt hat, der im Krieg verschollen ist.

Veronika will ebenfalls einen Blick in die Zukunft riskieren und eilt noch am selben Abend in die unheimliche Behausung der Alten, die sich zunächst als das Äpfelweib, dann als die alte Liese, die frühere Wärterin bei Paulmanns, herausstellt. Sie verspricht dem Mädchen, Anselmus dem Einflussbereich des ihr verhassten Lindhorst und der grünen Schlange zu entziehen.

Sechste Vigilie: Anselmus findet sich zum neuerlichen Dienstantritt vor dem Haus des Archivarius

■ Veronikas Liebeskummer

■ Im Haus des Archivarius

14

ein. Dank dessen magischer Flüssigkeit macht ihm der dämonische Türknauf diesmal keine Schwierigkeiten, und so kann der junge Student schon bald staunend durch die üppig eingerichteten Gemächer spazieren. Seine Sinne scheinen sich dabei auf recht wunderliche Art zu verwirren: Weshalb nimmt er das Studierzimmer zunächst als prunkvollen, exotischen Saal wahr? Warum kommt ihm seine eigene Schrift auf der Kopie eines Manuskripts aufs Erste elegant und gelungen vor, auf den zweiten Blick aber ziemlich elend? Warum erscheint ihm Lindhorst zunächst als Feuerlilienbusch, dann wieder als Geisterfürst mit goldenem Reif und Königsmantel – oder handelt es sich dabei doch nur um einen Schlafrock aus Damast? Auch die Worte des Archivarius sind geheimnisvoll: Anselmus werde sein Glück nur nach läuterndem Kampf erreichen. Der goldene Topf, der in der Mitte der Bibliothek steht und in dessen Spiegelungen der Student seine Geliebte wiederzuerkennen meint, ist dabei als Mitgift ausgesetzt.

Siebente Vigilie: Wie mit der alten Liese vereinbart, bricht Veronika des Nachts auf, um an einem Kreuzweg an einer geheimnisvollen Beschwörung teilzunehmen, die ihr Anselmus' Liebe sichern soll. Das furchterregende magische Spektakel, das die Alte bei schauerlichem Wetter inszeniert, raubt dem Mädchen fast den Verstand, und als eine unheimliche Erscheinung aus den Lüften dem Treiben plötzlich ein Ende setzt, fällt Veronika in Ohnmacht. Sie erwacht in ihrem Zimmer, unsicher, ob sie Opfer eines fiebri-

■ Veronika und der Hexenspuk der Alten

gen Traums geworden sei. Das spiegelnde Metallmedaillon, das die Hexe am Kreuzweg gegossen hat, lässt Anselmus' Gestalt im Zimmer des Mädchens erscheinen – oder handelt es sich wieder um eine Fiebervision?

Achte Vigilie: Anselmus hat sich durch seine gewissenhafte Tätigkeit Lindhorsts Wohlwollen erworben, so dass er mit der Kopie eines heiklen Manuskripts betraut wird, das auf keinen Fall beschädigt werden darf. Während der Arbeit erscheint ihm Serpentina und erzählt die märchenhafte Geschichte ihres Vaters: Eigentlich sei er ein Salamander, ein Feuergeist, der – trotz Warnung des Geisterfürsten Phosphorus – in dessen Garten eine verführerische Schlange umarmt habe. Daraufhin sei er verstoßen worden und habe fortan im kleinlichen irdischen Alltag sein Dasein zu fristen, solange die Verheiratung seiner drei Töchter mit drei Jünglingen noch ausstehe, die jeweils ein »kindliches poetisches Gemüt« (S. 70) auszeichnen müsse. Allerdings werde die Erlösung von bösen Kräften wie dem dämonischen Äpfelweib hintertrieben, die mit allen Mitteln des goldenen Topfes habhaft werden möchten.

■ Die Lebensgeschichte des Archivarius

Als Serpentina verschwindet, ist auch die Kopierarbeit fertiggestellt. Einem geselligen Beisammensein mit Lindhorst, dem sich auch der Registrator anschließt, steht somit nichts mehr im Wege.

Neunte Vigilie: Dieses Kapitel zeigt Anselmus auf dem Höhepunkt seiner inneren Zerrissenheit: einerseits fühlt er sich zur grünen Schlange hingezogen, andererseits geht ihm die liebenswürdige Veronika nicht aus dem Kopf.

Ob Zufall oder geheimer Zauber der alten Hexe, jedenfalls endet der Spaziergang, der den jungen Studenten von seiner Liebesqual ablenken soll, im Haus der Familie Paulmann. Mit dem Blick in Veronikas Metallspiegel kommen Anselmus die phantastischen Erlebnisse plötzlich als lächerliche Einbildung vor. Er lässt sich gegenüber Veronika sogar zu einem Heiratsversprechen hinreißen und versäumt darüber seinen Dienst beim Archivarius, doch die Punschlaune verhilft wieder seiner Traumwelt zum Durchbruch. Anselmus' wirre Reden münden in einem allgemeinen Tumult, der von der Ankunft eines grauen Männleins unterbrochen wird: Es ermahnt den Studenten, nächstens pünktlich bei Lindhorst zu erscheinen. Wie wahnsinnig flüchtet Anselmus heim, allein das Bild Veronikas vermag sein Gemüt zu beruhigen.

■ Anselmus' Verzauberung

Als er Lindhorst den folgenden Mittag wieder seinen Besuch macht, haben Garten und Zimmer ihr Wunderbares verloren. Allein die Reden des Archivarius bleiben sonderbar, und als Anselmus beim Kopieren das kostbare Manuskript, das ihm Lindhorst warnend übergeben hat, mit einem Tintenklecks verunstaltet, verwandelt sich die Bibliothek in eine von allerlei unheimlichem Getier bewohnte Wunderwelt, bereit, den Tollpatsch für sein Missgeschick zu bestrafen. Anselmus verliert das Bewusstsein und findet sich eingeschlossen in einer Kristallflasche wieder:

Das, was die Alte zu Beginn der Geschichte prophezeit hat, ist eingetreten.

Zehnte Vigilie: Der gefangene Anselmus beklagt sein Schicksal. Er erblickt Leidensgenossen, die wie er in einer Flasche eingesperrt sind, doch wird wieder nicht klar, ob das Phantastische Wirklichkeit oder bloß Einbildung ist. Serpentinas Anwesenheit, die der Gefangene fühlt, macht seine Lage erträglicher. Die Alte taucht auf: Sie will Anselmus befreien, damit er als Hofrat Veronika das Jawort geben kann – für den Eingeschlossenen ein Horrorgedanke, interpretiert er seine Gefangenschaft doch als Strafe dafür, dass er Serpentina und ihrer Sphäre kurzfristig abtrünnig geworden ist. In einem magischen Duell kann der Archivarius gerade noch verhindern, dass die Hexe den goldenen Topf entführt, und vernichtet sie und ihren Kater, unterstützt von seinem grauen Papagei. Anselmus, wieder für die Geisterwelt gewonnen, wird aus dem Glas befreit und seiner Serpentina zugeführt.

■ Anselmus'
Erlösung

Eilfte Vigilie: Als Konrektor Paulmann am Morgen nach dem Punschgelage sein verwüstetes Zimmer betrachtet, ist er im wahrsten Sinne des Wortes ernüchtert: War der Alkohol am entfesselten nächtlichen Treiben schuld? Oder hat man sich vom Wahnsinn des Anselmus anstecken lassen?

Einige Monate später hält Heerbrand, mittlerweile zum Hofrat aufgestiegen, erfolgreich um Veronikas Hand an. Mit ihrer Beichte, wie sie mithilfe des Übernatürlichen versucht habe, den inzwischen unauffindbaren Anselmus für sich zu gewinnen, schließt

■ Veronikas
Träume erfüllen sich

18

sie ein Kapitel ihres Lebens ab und erfreut sich von nun an eines geachteten Daseins im bürgerlichen Wohlstand.

Zwölfte Vigilie: Um den letzten Abschnitt seiner Geschichte vollenden zu können, wird der Erzähler von Lindhorst in dessen Haus geladen. Dort erblickt er in einer Vision Anselmus, der im Zauberreich Atlantis an der Seite Serpentinas ein Leben voll unaussprechlicher Seligkeit führt. Der Erzähler, somit zum Teil seiner eigenen Erzählung geworden, ist angesichts solch grenzenloser Wonnen bekümmert darüber, wieder ins trostlose Alltagsleben zurückkehren zu müssen, doch der Archivarius tröstet ihn: Das Glück, das Anselmus gefunden habe, sei »das Leben in der Poesie« (S. 102).

■ Anselmus findet sein Glück

3. Figuren

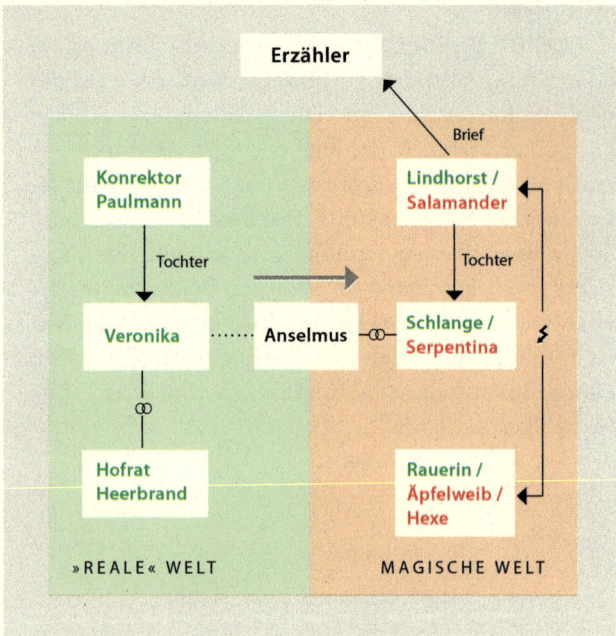

Abb. 2: Die Figurenkonstellation

Anselmus: Phantasiemensch in der Isolation

■ Phantasie-
mensch

Anselmus' Fähigkeiten und Neigungen disponieren ihn zum Romantiker: Der Tagtraum (vgl. S. 29) und die Natur (vgl. S. 29) sind ihm Zuflucht, das Gefühl der Sehnsucht beherrscht sein Leben, und nicht zuletzt ist es seine naive Natur, dank deren er fähig ist, das Böse zu bannen (vgl. S. 71) – die Grundvoraussetzung, um überhaupt als Bräutigam für die Magierstochter infrage zu kommen. Dass er zudem noch eine künstlerische Ader hat, die er bei geselliger Hausmusik unter Beweis stellt (vgl. S. 18) oder als kalligraphisches Talent, gepaart mit Geschicklichkeit (vgl. S. 52) und »angestrengter Aufmerksamkeit« (S. 52), lässt ihn auch in bürgerlichen Kreisen als gesellschaftsfähig erscheinen.

Um diese Integration ist es allerdings nicht besonders gut bestellt – das zeigt allein schon die Art, wie die Hauptgestalt in die Handlung eingeführt wird. ■ Erster Anselmus ist nämlich ein notorischer Unglücksrabe, Eindruck den der Erzähler bereits im ersten Satz unbeholfen in einen Marktkorb hineinstolpern lässt. Davon überzeugt, das Pech magisch anzuziehen, ist der Student im gesellschaftlichen Umgang unsicher geworden (vgl. S. 8), wovon sein überholter Modegeschmack indirekt Zeugnis ablegt (vgl. S. 6).

All das lässt Anselmus als einen Verwandten des aus dem Volksmärchen vertrauten Dummlings erscheinen, der, tölpelhaft, aber dabei gutherzig, am Ende durch glückliche Fügungen belohnt wird. Mit dem ■ Anselmus Helden des Volksmärchens teilt Anselmus auch das und die Gefühl des Mangels und der Unzufriedenheit zu An- Helden fang; und wie er ist auch Anselmus eine sozial weitge- des Volks- hend isolierte Figur: ohne verwandtschaftliche Bezie- märchens hungen, ohne bemerkenswerten Freundeskreis, als Student noch nicht erwerbstätig. Speziell Studenten sind bei Hoffmann immer instabile Gestalten, unfertig in ihrer Reifung und prädestiniert dazu, Schulbeispiele für Wirklichkeitsverwirrung abzugeben, im *Goldnen Topf* ebenso wie im *Sandmann*. Anders als die Figuren im Volksmärchen verfügen Anselmus und die anderen Gestalten des *Goldnen Topfs* sehr wohl über ein charakterliches Profil, über ein psychologisch differenziertes Innenleben.

■ Sonderling

Anselmus ist also ein Nichtangepasster, ein Sonderling – und entspricht damit einem Leittypus der späten Romantik, in dem der Konflikt zwischen subjektiver Innerlichkeit und objektiver Wirklichkeit zum Ausdruck gebracht wird. Beide Wirklichkeiten spielt Hoffmann gegeneinander aus, wobei die Märchenwelt als Ort der Glücksverheißung positiver bewertet wird. Gegenpol zur Innenschau ist die schale Realität der heimeligen, aber glanzlosen Bürgerlichkeit. Im *Goldnen Topf* kann diese Kluft auch nicht überwunden werden, anders als in der Frühromantik, der solch ein dualistisches Denken weitgehend fremd ist, weil sich die wirkliche Welt einem radikalen Subjektivismus unterordnen muss.[1]

■ Anselmus aus der Bürgersicht

Aus der Perspektive der Philister, jener spießbürgerlichen Krämerseelen also, ist es im Falle des Studenten Anselmus vom lebensuntauglichen Sonderling zum Psychopathen nur ein Schritt. Denn einem kleinkarierten Biedermann, der seine Befriedigung in den schlichten Freuden des Alltags findet, muss die

1 Vgl. Herman Meyer, *Der Sonderling in der deutschen Dichtung*, Frankfurt a. M. 1990, S. 100 f.

umfassendere Sicht auf die Welt, wie sie Anselmus möglich ist, abartig und krankhaft vorkommen.

Schon die zufällig vorbeiflanierende Bürgersfrau hält ihn in der zweiten Vigilie »wohl nicht recht bei Troste« (S. 12), als sie ihn dabei beobachtet, wie er den Holunderbaum umhalst und mit ihm redet. Auch sein sonderbares Verhalten bei der Überquerung der Elbe trägt dazu bei, dass er »für betrunken oder wahnwitzig gehalten« (S. 16) wird. Immer mehr weicht er von der bürgerlichen Norm ab, obwohl er über solide Voraussetzungen verfügt, um es in der Beamtenhierarchie zu etwas zu bringen. Er entfremdet sich seinen Freunden und Bekannten: »Alles das Seltsame und Wundervolle, welches dem Studenten Anselmus täglich begegnet war, hatte ihn ganz dem gewöhnlichen Leben entrückt« (S. 73), heißt es am Beginn der neunten Vigilie. Schließlich wird er als Bedrohung für seine Umgebung gesehen, die er mit seinem Wahnsinn infizieren könnte (vgl. S. 91). Somit löst sein Verschwinden am Ende auch keine Betroffenheit in seinem Bekanntenkreis aus.

Die Gleichgültigkeit und das Unverständnis, das die Spießbürger für den Phantasiemenschen Anselmus zeigen, ist Ausdruck einer allgemeinen Ignoranz, die der Philister der Kunst entgegenbringt und die ihn daran hindert, sich dadurch weitere Dimensionen des Lebens zu erschließen – so wie die Schüler und Praktikanten, die den gefangenen Anselmus verlachen: »[S]ie wissen nicht was Freiheit und Leben in Glauben und Liebe ist« (S. 84).

■ Banausentum

Die Geschichte des Anselmus beschreibt den Weg eines Künstlers, der sich immer mehr von der Gesellschaft entfernt. Eine zentrale symbolische Rolle in dieser Entwicklung übernehmen die Hieroglyphen, die er beim Archivar abzuschreiben hat. Zuerst steht er den seltsamen Zeichen fremd, mutlos und ohne tiefere Einsicht gegenüber (vgl. S. 65). Vom bloßen Kopieren aber entwickelt sich übers Verstehen bis hin zum Gestalten ein Aneignungsprozess, der das Reifen zum Schöpferischen reflektiert. Anselmus' wachsende Vertrautheit mit den unbekannten Schriftzeichen markiert den Weg zum produktiven Schreiben, damit also zum Poeten und Dichter.[2]

■ Wege zur Poesie

Veronika und die Liebe: Verführung und Erlösung

■ Veronika und das Wunderbare

So wie Anselmus kommt auch Veronika mit dem Wunderbaren in Berührung. Allerdings sind ihre Exzentrizitäten für ihre Umwelt zunächst nicht weiter auffällig, ist man derlei Überspanntheiten von Romanleserinnen seit dem ausgehenden 18. Jahrhundert ja gewohnt (vgl. S. 39). Während Anselmus entfremdet von der diesseitigen Welt endet, kann sich Veronika von der Macht des Phantastischen durch einen fast schon rituell anmutenden Akt losreißen, in-

2 Vgl. dazu Hartmut Marhold, *Die Problematik dichterischen Schaffens in E. T. A. Hoffmanns Erzählung »Der goldne Topf«,* in: *Mitteilungen der E. T. A. Hoffmann-Gesellschaft* 32 (1986), S. 50–73.

dem sie anordnet, die Fragmente des Zauberspiegels mögen in die Elbe geworfen werden (vgl. S. 94).

Veronika ist eine rundum sympathische Erscheinung. Im Laufe der Erzählung wird auch nicht mit der Beschreibung ihrer Vorzüge gespart: Sie sei »ein recht hübsches blühendes Mädchen von sechszehn Jahren« (S. 16), heißt es gleich zu Beginn der Geschichte, ja »die Heiterkeit, die Anmut selbst« (S. 74); ihre »recht schöne[n] dunkelblaue[n] Augen« (S. 16) und ihre »Stimme, wie eine Kristallglocke« (S. 17) erregen die Aufmerksamkeit der jungen Männer um sie.

■ Veronikas
Äußeres

Liest man den *Goldnen Topf* als Märchen, so gewinnt Veronikas vorerst so positiv anmutende Gestalt etwas andere Konturen. Immerhin ist sie Teil der Philisterwelt, in deren engen Grenzen sie ihr Glück sucht. Zwar ist sie eine Träumernatur wie Anselmus, doch kreisen ihre Wünsche bloß um Ehering und Amtstitel – verhältnismäßig dürftige Ziele für jemanden wie ihren Geliebten, der teilhaftig werden darf an der Welt der Elementargeister und des Übernatürlichen. Veronikas kleinbürgerlicher Horizont ist zu eng gezogen – sie ist heillos mit dem überfordert, was da an Phantasie und Poesie über sie hereinbricht. Und so überlässt sie sich den magischen Künsten der alten Hexe, der Rauerin, in der Hoffnung, dass für Anselmus doch noch die bürgerlichen Glücksvorstellungen maßgeblich werden könnten.

■ Veronika
als Teil der
Philisterwelt

Tatsächlich gewinnt die philiströse Alltagswelt in der neunten Vigilie vorübergehend Gewalt über den Studenten. Veronika vermag Anselmus dazu zu be-

wegen, zu seinen Träumereien und zu sich selbst auf
rationale Distanz zu gehen (vgl. S. 75), und ringt ihm
sogar ein Heiratsversprechen ab (vgl. S. 75). Letztlich
ist all das aber nur eine Verzögerungstaktik des Erzählers, denn das Happy End eines Märchens wie des
Goldnen Topfs kann nur eines sein, in dem sich der
Held für ein Glück entscheidet, das eben nicht im
Bürgerlichen liegt und in dem schließlich die Phantasie den Sieg davonträgt.

Je nachdem, wie man das liest, was Anselmus wi-
derfährt, ergeben sich unterschiedliche Einschätzun-
gen von Veronikas Funktion – mit anderen Worten:
ob man die Geschichte aus der Perspektive des Märchens versteht oder eine realistischere Lesart anwen-
det. Im Kontext eines Märchens ist Veronika eine Figur, die Anselmus das Reich der Träume abspenstig
machen möchte, ihn zum Verrat an der Phantasie bewegen und zum Philister machen will – eine Verführerin also.

Zur genau entgegengesetzten Einschätzung muss
man kommen, liest man die Geschichte des Anselmus als die Geschichte eines Menschen, dessen Dasein zunehmend von Weltfremdheit und Isolation
bestimmt ist. Allein Veronika scheint dazu imstan-
de zu sein, den Studenten von seinen Verirrungen
zu heilen und ihm einen Platz im Schoß der bürgerlichen Gesellschaft zuzuweisen. Eine solche Lektüre weist Veronika nicht die Funktion einer Verführerin zu, sondern die einer Erlöserin: »[D]er Anselmus ist verstrickt in wunderliche Bande, aber ich

■ Rettung
vor dem
Wahnsinn

erlöse ihn daraus und nenne ihn mein immerdar«
(S. 46).

Der Glaube an die rettende Macht der Liebe ist dabei nicht ohne religiöse Färbung, wurde doch Anselmus immerhin von einer Schlange verführt, so wie Eva im Paradies. Freilich polt sich dieser Akt der Verführung wiederum in einen Akt der Erlösung um, liest man die Geschichte von der anderen Seite her, nämlich von der des Märchens – da wird Serpentina gleichsam in den Rang einer Schutzpatronin erhoben: »[H]ast du bewährten Glauben und wahre Liebe, so hilft dir Serpentina!« (S. 65).

Egal, aus welcher Perspektive man Veronikas Lebensgeschichte betrachtet, sie findet in jedem Fall ihr Glück – zwar nicht so, wie ursprünglich erträumt, an der Seite ihres Anselmus, aber immerhin als Hofratsgattin. Damit hat sich ihr ureigenstes Phantasiegespinst glücklich ins Reale gewandelt: Was an Wundersamem stattgefunden hat, wird vom Bräutigam Heerbrand ins Allegorische aufgelöst, so dass alles Phantastische in der Rückschau bloß als Produkt überreizter Laune erklärbar ist. Veronikas Glück im biederen Idyll ist erst dann möglich, als Anselmus, für eine bürgerliche Beglückung ohnehin unfähig, aus der Geschichte verschwunden ist.

■ Happy End im Bauernglück

Lesart als ...	
... Märchen *(subjektiv):*	... Geschichte einer psychischen Verwirrung *(objektiv):*
Veronika ...	
... als Verführerin	... als Erlöserin
Serpentina ...	
... als Erlöserin	... als Verführerin
↓ **Anselmus** auf dem Weg nach Atlantis / ins Glück	↓ **Anselmus** auf dem Weg in den Wahnsinn / ins Unglück

Abb. 3: Veronika und Serpentina: Funktionen je nach Lesart

Serpentina: Schlangenhafte Doppelgängerin

Eigentlich müsste schon der Name der zweiten weiblichen Bezugsperson von Anselmus zu denken geben: Serpentina ist von *serpens*, dem lateinischen Wort für »Schlange«, abgeleitet – und eine Schlange entspricht nach der biblischen Vorstellung und der gängigen Alltagsmetaphorik nur zu gut dem Bild einer hinterlistigen Verführerin. Sie rührt dermaßen an

Anselmus' Sehnsüchten, dass er jegliche Selbstbeherrschung verliert und durch sie in »wahnsinnige[s] Entzücken« (S. 33) gerät. Ein »schnöder unchristlicher Name« (S. 35) also, der Unlauteres markiert – oder doch nicht?

Auffällig ist, dass das Mädchen aus der Feenwelt Ähnlichkeiten mit ihrem bürgerlichen Gegenstück Veronika besitzt – eine klare Stimme, die wie eine Kristallglocke klingt (vgl. S. 10, S. 17), sowie blaue Augen (vgl. S. 10, S. 21). Beide Frauen wirken wie zwei Seiten desselben Wesens: eine Variante des bei Hoffmann so häufigen Doppelgängermotivs also – und Doppelgänger stehen bei E. T. A. Hoffmann üblicherweise im Zusammenhang mit psychischem Ungleichgewicht und außergewöhnlichen Bewusstseinszuständen. So vermengen sich die Bilder der beiden in Anselmus' Kopf, wenn ihm Veronika beim gemeinsamen Umtrunk ein Glas Punsch serviert (S. 76) und plötzlich die Gestalt Serpentinas und ihrer Welt vor seinem geistigen Auge aufsteigt: Handelt es sich dabei um ein Phänomen, das sich aus dem Reich des Wunderbaren herleitet, oder schlicht um Benebelung durch allzu viel Alkoholkonsum?

Wenn der Anselmus des Märchens am Ende seine Erlösung erfährt, so trifft dies auch für Serpentina zu, mit der er sich schließlich in Liebe vereinigt. Hat sie sich anfangs noch smaragdgrün und schlangenartig durch die Erzählung bewegt, so streift sie letztlich vor der Harmonie einer romantisch beseelten Naturkulisse alles Reptilienhafte von sich ab und erscheint »in hoher Schönheit und Anmut« (S. 100). Als Verkörperung des Wunderbaren als Tatsache repräsentiert sie letztlich auch die Poesie, zu der sie unter Lindhorsts Mitwirkung den Studenten hinführt.

Die Rauerin und Lindhorst: Mächte des Übernatürlichen

Gerade an Veronika und Serpentina zeigt es sich, dass sich beide Lesarten als Märchen oder als Geschichte einer psychischen Verirrung nicht problemlos auseinanderdividieren lassen – zu sehr bedingen sie einander. Die koboldartige Erscheinung etwa, von der Veronika während ihrer Vorbereitungen zum Kaffeeklatsch verhöhnt wird (vgl. S. 39), ist ebenso wie die Gestalt der Rauerin etwas aus einer fremden Welt, das verstörend in die vertraute Umgebung hineinragt und in ihr Wirkung zeigt.

■ Der Kampf Gut gegen Böse

Die hexenartige Rauerin und Lindhorst verkörpern die Prinzipien des Bösen und des Guten, die in den Kampf um Anselmus eingetreten sind – schwarze Magie gegen weiße Magie gewissermaßen. Dementsprechend gegensätzlich sind beide Persönlichkeiten auch angelegt: Haust die eine in Gesellschaft einer ganzen Menagerie in einem verwahrlosten Gelass, so fasziniert die Zauberbibliothek des anderen durch ihre wunderbare Pracht. Das Hässliche und Abstoßende ist dem bürgerlichen Bereich zugeordnet: Macht sich die Rauerin in ihrem Kampf gegen Lindhorst zum Verbündeten der Philisterwelt, so ist der Magier im

Gegenzug damit beschäftigt, Anselmus von der Alltagswelt zu isolieren.

Was beide verbindet, ist ihr unheimliches Erschei-
nungsbild. Das widerwärtige Antlitz der Rauerin (vgl.
S. 42) jagt selbst der ansonsten wenig schreckhaften
Veronika (vgl. S. 44) einen Schauder über den Rücken, und Lindhorsts Stimme hat für Anselmus »etwas geheimnisvoll Eindringendes, dass er Mark und
Bein erzittern fühlte« (S. 25). Der »stechende Blick der
funkelnden Augen, die aus den knöchernen Höhlen
des magern, runzlichten Gesichts wie aus einem Ge-
häuse hervorstrahlten« (S. 34), steigert das Grauen
des Studenten noch mehr.

■ Unheim-
liches
Auftreten

Die negativen Charaktereigenschaften Lindhorsts
sind nicht zu übersehen: Überreaktionen und Jähzorn
(vgl. S. 19), dazu »die schadenfrohe Laune, mit der er
manche neckt« (S. 70) und die Serpentina damit er-
klärt, dass ihr Vater eine Doppelexistenz zwischen
dem Wunderlichen eines Bücherwurms und dem
Wunderbaren als Abkömmling eines märchenhaften
Salamander-Geschlechts führen muss. In beiden Fäl-
len ist er abgehoben vom Rest der Welt, ein Sonderling wie Anselmus, dessen Sichtweise auf Lindhorst
zunächst ja auch noch von jenem Befremden geprägt
ist, mit dem die Spießbürger auf die Geschichte von
der phantastischen Abkunft des Archivars reagieren.

■ Lindhorst
als Sonder-
ling

Lindhorst gewinnt in der Folge immer stärker die
Züge nicht nur eines Meisters, der seinen Schüler
damit beeindruckt, dass er sein geheimes Wissen hinter rätselhaften Sprüchen und mysteriösen Hierogly-

phen versteckt – der Magier wird auch zu einer Art Vaterfigur, einer übermächtigen Autoritätsgestalt, die sich zwar strafend und furchtbar gebärden kann, deren Wohlwollen für Anselmus aber zugleich auch eine Möglichkeit der Zuflucht bedeutet. Biographisch orientierte Interpreten haben darin – und auch in anderen übermächtigen Vaterfiguren aus Hoffmanns Werk – eine Projektionsfigur des Dichters gesehen: Er habe sich in seinen Erzählungen einen Ersatz für den leibhaftigen, früh aus seinem Leben verschwundenen Vater geschaffen.

Konrektor Paulmann und Registrator Heerbrand: die bürgerliche Welt

Es ist kein Zufall, dass Hofrat Heerbrand und Konrektor Paulmann stets mit ihrem Beruf bezeichnet werden. Sie sind Vertreter der bürgerlichen Welt und haben keinen Anteil an und keinen Zugang zu der Welt des Übernatürlichen.

Konrektor Paulmann ist der Vater von Veronika. Er möchte seine Tochter mit Anselmus verheiraten und arrangiert deswegen immer wieder Begegnungen mit ihm. Paulmann nimmt das merkwürdige Verhalten Anselmus' zwar wahr, hält es aber für eine seelische Krankheit, die behandelt werden muss. Nach dem Punschgelage (elfte Vigilie) ändert er seine Meinung (»fort mit dem Anselmus«; S. 91) und gibt Veronika dem Registrator Heerbrand zur Frau, nachdem dieser zum Hofrat ernannt worden ist. Registrator Heerbrand ist mit Konrektor Paulmann befreundet. Gemeinsam bemühen sie sich um Anselmus und beschaffen ihm die Stelle als Kopist bei Archivarius Lindhorst.

Die beiden bilden zusammen mit Veronika das Gegengewicht gegen die märchenhafte Welt. Ihr Verhalten steht stets auch unter einem Nützlichkeitsdenken – so stimmt etwa Paulmann der Heirat Veronikas mit Heerbrand zu, nachdem und nicht zuletzt weil dieser den Hofratstitel und die entsprechende finanzielle Ausstattung erworben hat (vgl. S. 93). Sie werden, wie die Philisterwelt insgesamt, mit einer gewissen Ironie charakterisiert.

4. Form und literarische Technik

Strukturen und Erzählverfahren

■ Vigilien

Der goldne Topf ist in zwölf Vigilien gegliedert, also Nachtwachen, während deren der Erzähler die Geschichte aufzeichnet (vgl. S. 28). Hoffmann vermeidet bewusst die Bezeichnung »Kapitel« und knüpft damit an seinen Zeitgenossen Jean Paul und dessen skurrile Namensgebung für die Abschnitte in seinen Romanen an, wie etwa »Sektoren«, »Jobelperioden« oder »Hundsposttage«. Auch könnte Hoffmann von dem 1804 unter dem Pseudonym »Bonaventura« erschienenen Roman *Nachtwachen* von Ernst August Friedrich Klingemann inspiriert worden sein.

■ Schauplatz: Dresden

Schauplatz des Kampfes, an dem die überirdischen Mächte gegeneinander antreten, ist das durchaus irdische Dresden. Dass ein Märchen topographisch derart genau fixierbar ist, war zu Hoffmanns Zeiten höchst ungewöhnlich. Ausflugsorte, Gärten, ja sogar einzelne Läden (vgl. S. 20 und S. 93) sind exakt nachweisbar. Schon Hoffmanns zeitgenössische Leserschaft stieß allerdings auf ein Detail in der Beschreibung, das der Vergangenheit angehörte. Das Schwarze Tor in der Dresdener Neustadt dürfte der Autor wohl eher der düsteren Symbolkraft wegen in den ersten Satz des »Märchens« (vgl. S. 5) aufgenommen haben als wegen der Vermittlung eines authentischen Schauplatzes, denn zwischen seinem Abriss und dem Beginn der Arbeit am *Goldnen Topf* war bereits ein Jahr vergan-

DAS EHEMALIGE SCHWARZE THOR.
ÄUSSERE ANSICHT.

Abb. 4: Das Schwarze Tor in Dresden, 1811/12, kurz vor der
Entstehung des *Goldnen Topfs* abgerissen

gen: Es bezeichnet bereits ganz am Anfang der Erzählung den Ort des Schwellenübergangs von der realen
in die märchenhafte Welt, der sich durch die Begegnung mit dem »hässlichen Weib«, der Rauerin, er-
eignet.

So wie der Raum ist auch der zeitliche Rahmen prä- ■ Zeitstruktur
zise abgesteckt. Am Himmelfahrtstag setzt die Handlung mit der ersten Begegnung zwischen Anselmus
und der alten Rauerin ein (zugleich ein Datum mit
Symbolbedeutung, beginnt doch hier der Entrü-
ckungsprozess des Anselmus nach Atlantis). In der

35

siebenten Vigilie wohnt Veronika in der Sturmnacht des 23. September der sonderbaren Hexenbeschwörung bei. Am 4. Februar, dem Namenstag Veronikas, hält Heerbrand um ihre Hand an – und damit endet die Geschichte, zumindest der an den realen Schauplatz Dresden geknüpfte »bürgerliche« Zeitablauf. Daneben existiert noch eine weitere Zeitebene, gebunden an die Geschichte von Atlantis, die in drei Teilen erzählt wird: als Rückblick von Lindhorst in der dritten Vigilie und von Serpentina in der siebenten, schließlich als Unendlichkeitsvision am Ende des Märchens, ohnehin jedem fixierbaren Zeitbegriff entrückt. Stilistisch heben sich die Begebenheiten der »mythischen« Zeit durch den feierlichen Tonfall vom Rest der Erzählung ab.[3]

Seine Spannung bezieht *Der goldne Topf* aus dem Gegensatz zwischen phantastischer und rationaler Erklärung des Geschehens. Was als »Wunder einer höheren Welt« (S. 63) erscheint, könnte genauso gut vom Alltagsverständnis her zu deuten sein. Tummeln sich tatsächlich goldene Schlänglein im Wasser der Elbe, oder handelt es sich um die Reflexion eines Feuerwerks (vgl. S. 15)? Verwandelt sich Lindhorst in einen auffliegenden Geier, oder lässt der Wind bloß die Rockschöße flattern (vgl. S. 35)? Zentraler Ort des Wunderbaren ist die Bibliothek Lindhorsts, die sich

■ Doppelte Lesbarkeit der Welt

---

3 Vgl. dazu das Schaubild in: Paul-Wolfgang Wührl, *Erläuterungen und Dokumente, E. T. A. Hoffmann, »Der goldne Topf«*, Stuttgart 2004, S. 70 f.

für Anselmus nicht nur in einen Palmenhain[4] verwandelt (vgl. u. a. S. 49, 50, 64), sondern darüber hinaus noch eine Metamorphose ins Schreckliche durchmacht, als er einen Tintenklecks auf das wertvolle Pergament fallen lässt (vgl. S. 81).

Auch beim Wechsel von der Wirklichkeit ins Phantastische bleibt *Der goldne Topf* eine Geschichte mit doppeltem Boden – denn auch das ist auf zweifache Weise zu erklären: dass er sich auf wunderbare Weise vollzieht, wie es eben der Eigenart eines Märchens entspricht; oder dass er – einer rationalen Auffassung folgend – verursacht wird durch Sinnestäuschung, Traum (vgl. S. 16), Fieberwahn (vgl. S. 60) und betäubenden Duft (vgl. S. 75). Nicht zu vergessen der Alkohol: Ist es der Magenlikör (vgl. S. 20), dessen Genuss den lindhorstschen Türklopfer in die Fratze des Äpfelweibs verwandelt (vgl. S. 20), und ist es der Punschrausch, der der Gesellschaft im paulmannschen Hause kollektive Gaukelbilder beschert (vgl. S. 79)?

■ Verwandlungen

Einer langen literarischen Tradition folgend, wirken Spiegel als Brücke zwischen den beiden Welten. Im *Goldnen Topf* sind sie Instrumente sowohl der weißen Magie Lindhorsts als auch der schwarzen Magie der Rauerin. Der eine lässt Strahlen aus dem Stein

■ Spiegelsymbolik

4 Möglicherweise hat Hoffmanns Beschreibung ihr reales Vorbild in der aus der Barockzeit stammenden Bibliothek hinter der Orgel des Königsberger Doms; vgl. dazu: Hans-Dieter Holzhausen, *Die Palmenbibliothek in E. T. A. Hoffmanns Märchen »Der goldne Topf«. Einige Randbemerkungen zu ihrem Vorbild im Dom zu Königsberg/Preußen*, in: *Mitteilungen der E. T. A. Hoffmann-Gesellschaft* 30 (1984), S. 34–41.

seines Ringes schießen, die sich zu einem Kristallspiegel formieren (vgl. S. 33), die andere übergibt Veronika einen Metallspiegel, der sie in die Lage versetzt, sich das Bildnis von Anselmus herbeizuzaubern. Eine spiegelnde Oberfläche hat auch der goldne Topf, mit dessen Hilfe der Zugang zum Wunderreich Atlantis möglich ist (vgl. S. 70). Hoffmann hat dieses magische Titelobjekt des Märchens mit poetischer Symbolik angereichert, ganz im Gegensatz zu einer früheren Idee, wo noch etwas profaner von einem »goldnen Nachttopf« die Rede ist:[5] Dies hätte den Text wohl noch mehr auf die ohnehin schon stark ausgeprägte ironische Seite kippen lassen.

■ Erzähl-
situation

Eines der Grundanliegen der Romantik war das Thematisieren des Erzählens. Im *Goldnen Topf* geschieht das dadurch, dass der Erzähler insgesamt viermal (als Ich-Erzähler) das Wort an den Leser richtet (und damit die auktoriale Er-Erzählung unterbricht). Dadurch wird auch die unmittelbare, mündliche Vermittlung nachvollzogen, die dem Volksmärchen eigen ist, ohne dass der Autor dabei den naiven Volkston zu imitieren versucht. In recht umgänglicher Form wird der Leser jeweils am Beginn der vierten und der zehnten Vigilie angeredet:

> »Wohl darf ich geradezu dich selbst, günstiger Leser! fragen, ob du in deinem Leben nicht Stunden,

5 Brief an Carl Friedrich Kunz (19. August 1813), in: *E. T. A. Hoffmanns Briefwechsel*, hrsg. von Friedrich Schnapp, 3 Bde., Bd. 1: *Königsberg bis Leipzig 1794–1814*, München 1967, S. 408.

ja Tage und Wochen hattest, in denen dir all dein gewöhnliches Tun und Treiben ein recht quälendes Missbehagen erregte [...]?« (S. 28)

»Mit Recht darf ich zweifeln, dass du, günstiger Leser! jemals in einer gläsernen Flasche verschlossen gewesen sein solltest [...].« (S. 82)

Die siebente Vigilie versetzt den Leser auf die Landstraße nach Dresden, um ihn Zeuge der dramatischen Beschwörungsszene werden zu lassen:

»– – Ich wollte, dass du, günstiger Leser! am dreiundzwanzigsten September auf der Reise nach Dresden begriffen wärest; vergebens suchte man, als der späte Abend hereinbrach, dich auf der letzten Station aufzuhalten [...].« (S. 57)

Ein Spiel mit der Fiktion, das noch radikaler im letzten Abschnitt des Märchens betrieben wird, wo der Erzähler, der noch dazu unverkennbare Züge E. T. A. Hoffmanns trägt, selbst zum Teil der Handlung wird, indem er seinen Schreibprozess mit Anselmus' Entwicklung in Parallele setzt:

»Aber vergebens bliebe alles Streben, dir, günstiger Leser, all die Herrlichkeiten, von denen der Anselmus umgeben, auch nur einigermaßen in Worten anzudeuten. Mit Widerwillen gewahrte ich die Mattigkeit jedes Ausdrucks. Ich fühlte mich befan-

gen in den Armseligkeiten des kleinlichen Alltags-
lebens, ich erkrankte in quälendem Missbehagen,
ich schlich umher wie ein Träumender, kurz, ich
geriet in jenen Zustand des Studenten Anselmus,
den ich dir, günstiger Leser! in der vierten Vigilie
beschrieben. Ich härmte mich recht ab, wenn ich die
eilf Vigilien, die ich glücklich zustande gebracht,
durchlief, und nun dachte, dass es mir wohl niemals
vergönnt sein werde […].« (S. 96)

Die Geschichte hat bis dahin eine Illusion aufgebaut,
die an dieser Stelle zerstört wird – ein Fall von romantischer Ironie, die dem Künstler das Recht einräumt,
nach Belieben über sein Werk zu verfügen.

Auf der anderen Seite wird das Spiel mit der Fiktion
noch weitergetrieben. Denn gerade die Märchenfigur,
der Archivar Lindhorst, weist dem Ich-Erzähler den
Weg aus der Blockade, die abschließende zwölfte Vigilie zu Papier zu bringen, indem er ihn in einer Vision Anselmus und Serpentina im Zauberreich Atlantis
schauen lässt:

»»Wollen Sie daher die zwölfte Vigilie schreiben, so
steigen Sie Ihre verdammten fünf Treppen hinun-
ter, verlassen Sie Ihr Stübchen und kommen Sie zu
mir. […] Sie können dann mit wenigen Worten den
Lesern kundtun, was Sie geschaut haben […].«
(S. 97)

Der Erzähler des Märchens erzählt den Entstehungs-
prozess mit. Dieser weist Parallelen zum Entwick-
lungsprozess der Hauptfigur Anselmus auf. Wie dieser hat der Erzähler schließlich als Schriftsteller Anteil
am »Leben in der Poesie« (S. 102), wenn auch ironi-
scherweise nur mittels eines Alkoholrauschs (vgl.
S. 98), und vollendet so sein Kunstwerk, auch wenn er
in seinem »Dachstübchen« (S. 101) und letztlich somit
in einer »zerrissenen« Existenz verbleibt.

Die Sprache der Märchenwelt

Die zauberische Seite der Welt artikuliert sich in der
Klangmagie der Sprache. Wenn die Natur mit ihrem
»Gelispel und Geflüster und Geklingel« (S. 9) die Sinne des Anselmus verwirrt, dann ist die logische Seite
der Sprache ausgeschaltet.

Einer der wirkungsvollsten Klangeffekte, auf die
Hoffmann dabei zurückgreift, ist der Gleichklang im
Anlaut, also die Alliteration oder der Stabreim: ■ Alliteration

»Zwischendurch – zwischenein – zwischen Zwei-
gen, zwischen schwellenden Blüten, schwingen,
schlängeln, schlingen wir uns – Schwesterlein –
Schwesterlein, schwinge dich im Schimmer –
schnell, schnell herauf – herab« (S. 9; andere Belege
vgl. S. 86 f.).

Um die suggestive Wirkung zu steigern, werden ein-   ■ Wieder-
zelne Worte oder Wortgruppen wiederholt: »Ich bin   holungen

dir nahe – nahe – nahe!« (S. 53), »Frisch – frisch 'raus – zisch aus, zisch aus« (S. 87) oder, gekoppelt mit Endreimen: »klingling – Jüngling – flink – flink – spring – spring – klingling« (S. 47). Klangliche Besonderheiten kennzeichnen den seltsamen Spruch des Äpfelweibs zu Beginn der Erzählung (»ins Kristall bald dein Fall«, S. 5) als Verwünschungsformel: zwei aufeinanderfolgende Anapäste, also jeweils zwei unbetonte Silben, gefolgt von einer betonten, verleihen ihr rhythmische Prägnanz, dazu kommt die Lautmalerei der a-Vokale.

■ Synästhesie Für die Berührung mit dem Phantastischen wählt Hoffmann einen Sonderfall des sprachlichen Bildes, nämlich die Synästhesie. Dabei werden zwei unterschiedliche Wahrnehmungsformen miteinander verknüpft, bei der ersten Begegnung zwischen Anselmus und Serpentina beispielsweise das Riechen und das Hören: »Blumen und Blüten dufteten um ihn her, und ihr Duft war wie herrlicher Gesang von tausend Flötenstimmen« (S. 11). Auch später in Lindhorsts Gemächern umgibt ihn die »wunderbare Musik des Gartens […] mit süßen lieblichen Düften« (S. 65). Optische und akustische Empfindungen vermengen sich, wenn die »holden Kristallklänge« zu strahlen scheinen (S. 65). Diese Reizverschmelzung ist eine besonders in der Romantik häufig verwendete Stilfigur: Die Idee, dass alle Sinne in der Phantasie zusammenwirken, triumphiert dabei über die Sprachlogik.

5. Quellen und Kontexte

Im Gegensatz zum Volksmärchen ist das Kunst-märchen das Produkt eines namentlich bekannten Autors. Die Gattung war, als Hoffmann den *Goldnen Topf* niederschrieb, eine vergleichsweise junge inner-halb der deutschen Literatur – nur fünfzig Jahre alt. Mit dem *Märchen vom Prinzen Biribinker*, das Chris-toph Martin Wieland in seinen Roman *Die Abenteuer des Don Sylvio von Rosalva* (1764) einschob, schlug die Geburtsstunde des Kunstmärchens zur Zeit der Aufklärung, also just in einer Epoche, die die Irratio-nalität und das Phantastische strikt ablehnte. Es wa-ren die Romantiker, die diese Erzählgattung im Deutschen zur ersten und wohl auch größten Blüte brachten. ■ Kunst-märchen

Das Kunstmärchen lebt aus der Spannung zwi-schen Phantasie und Realität. Das Wunderbare offe-riert damit im Regelfall dem Leser eine Möglichkeit zur Weltflucht; im *Goldnen Topf* hingegen wird die-ses Moment zum Thema der Erzählung selbst.

Hoffmann schöpft dabei aus verschiedenen Tradi-tionen. Die Wirkung des venezianischen Dramati-kers Carlo Gozzi (1720–1806) auf den *Goldnen Topf* hat er in einem Brief an Carl Friedrich Kunz selbst be-stätigt.[6] Gozzi schrieb zehn Märchendramen nach dem Vorbild der italienischen Stegreifkomödie, dar-unter *L'amore delle tre melarance* (*Die Liebe zu den* ■ Carlo Gozzi

6 Schnapp (s. Anm. 5), S. 408.

drei Orangen, 1761) und *Il re cervo* (*König Hirsch*, 1762). Im bewussten Gegensatz zu den realistischen Dramen seines Lokalrivalen Carlo Goldoni schuf Gozzi mit seinen Stücken antiaufklärerisches Zaubertheater, in dem sich tragische mit komischen Momenten vermengten.

Die deutschen Romantiker bewunderten Gozzis Dichtungen: die Gebrüder Schlegel ebenso wie Ludwig Tieck, dessen Märchenkomödie *Der gestiefelte Kater* (1797) ohne sein italienisches Vorbild kaum denkbar wäre. Wenn E. T. A. Hoffmann in seinem Künstlergespräch *Der Dichter und der Komponist* aus dem ersten Band der *Serapionsbrüder* das Phantastische erwähnt, »das keck in das Alltagsleben hineinfährt und alles zuoberst und unterst dreht«,[7] dann lässt er Prinzipien aus der Märchenpoetik Gozzis diskutieren, die passagenweise auch für den *Goldnen Topf* Gültigkeit haben: »[D]ie Geister schreiten hinein in das Leben und verstricken die Menschen in das wunderbare, geheimnisvolle Verhängnis, das über sie waltet.«[8]

Dass in Gozzis Märchenwelt manchmal die Skepsis gegenüber dem Wunderbaren augenscheinlich wird, ist ein Element, das auch für die Konzeption des *Goldnen Topfs* wesentlich ist. Anders als im Volksmärchen nehmen die Figuren des hoffmannschen

---

7 E. T. A. Hoffmann, *Poetische Werke*. Mit Federzeichnungen von Walter Wellenstein, 12 Bde., Bd. 5: *Die Serapionsbrüder. Erster Band*, Berlin 1957, S. 103.
8 Hoffmann (s. Anm. 7), S. 100.

Kunstmärchens das Wunderbare um sich herum staunend und zweifelnd wahr, fürchten sich vor dem Unheimlichen und Phantastischen. Das Wunderbare und das Wirkliche gehen zwar ineinander über, werden aber als Gegensätze erfahren. Volksmärchen hingegen sind geprägt von der Eindimensionalität – ein Begriff, mit dem der Märchenforscher Max Lüthi umschreibt, dass das Wunderbare »dem Märchen nicht fragwürdiger [ist] als das Alltägliche«[9].

■ Fehlende Eindimensionalität

Gozzis Märchendichtungen beeinflussten auch die von Geistern und Feen durchwirkte Welt des Wiener Volkstheaters. In den – allerdings nach dem *Goldnen Topf* entstandenen – Zauberstücken eines Raimund oder eines frühen Nestroy findet man Motive wieder, die einem auch bei Hoffmann begegnen, etwa der Einbruch der Feenwelt in den zeitgenössischen Alltag oder die Auseinandersetzung zwischen guten und bösen Mächten um einen Sterblichen. Letzteres Motiv bestimmt auch den Handlungsgang der *Zauberflöte* (1791) von Mozart und seinem Librettisten Emanuel Schikaneder: jenes Werks also, mit dem Hoffmann als Musiker wohl am vertrautesten war.

■ Wiener Volkstheater

In der *Zauberflöte* ist es der Priester Sarastro, der den jungen Prinzen Tamino hin zur menschlichen Vollendung führt. Die Hand der schönen Prinzessin Pamina winkt dabei als sichtbarer Lohn für alle Mühen. Eine Braut, deren sich ein Jüngling als würdig erweisen muss; ein weiser Alter, der den jungen Pro-

■ *Der goldne Topf* und Mozarts *Zauberflöte*

9 Max Lüthi, *Das europäische Volksmärchen. Form und Wesen*, Tübingen/Basel 1997, S. 11.

banden durch ein märchenhaftes Szenario zur Tugend geleitet; Versuchungen, die den Weg zum Glück bedrohen – die strukturellen Entsprechungen zwischen der Mozart-Oper und dem *Goldnen Topf* sind unübersehbar.[10] Auch Anselmus wird nebst einer hübschen jungen Frau »Glück im höheren Leben« (S. 54) verheißen. Hoffmann versetzt das alte Märchenmotiv der Freierprobe dadurch mit dem aufklärerischen Ideal der Menschenbildung.

Auch aus der Märchendichtung seiner deutschen **Goethe und Novalis** Dichterkollegen schöpfte Hoffmann Anregungen. Eine smaragdgrüne Schlange taucht bereits in Goethes *Das Märchen* (1795) auf, und mit dem Wunderland Atlantis bezieht sich Hoffmann weniger auf das antike Urbild bei Plato als auf Novalis, in dessen Fragment gebliebenem Bildungsroman *Heinrich von Ofterdingen* (1803) dem Helden im dritten Kapitel von Kaufleuten die Geschichte von einem Reich der Poesie erzählt wird. Sowohl bei Hoffmann als auch bei Novalis ist Atlantis ein Bezirk, der von der Alltagswelt losgelöst ist. Im *Ofterdingen*-Roman ist es gleich zu Beginn ein gefährdetes Paradies, in dem der Friede nur um den Preis des Rückzugs auf sich selbst und der stolzen Distanz zum Rest der Welt gedeiht. Am Ende beider Geschichten steht die Entrückung: In den letzten Sätzen des Märchens lässt Novalis sein Atlantis in der unbestimmten Welt des Mythos untertauchen, und

10 Vgl. dazu Marianne Thalmann, *Das Märchen und die Moderne. Zum Begriff der Surrealität im Märchen der Romantik*, Stuttgart 1966, S. 83 ff.

ein Verschwinden aus der Geschichte beschließt auch den *Goldnen Topf*, wenn der Pechvogel Anselmus zum Lohn für seine Mühen in eine ganz und gar unbürgerliche Glücksutopie entrückt wird.

6. Interpretationsansätze

Wahnsinn und Selbstmord

An der Wende zum 19. Jahrhundert schlug die Geburtsstunde der Seelenkunde und der modernen Psychologie. Zusammen mit Kleist zählt E. T. A. Hoffmann zu den ersten Schriftstellern in Deutschland, die diese neuen Erkenntnisse in Literatur verwandelten.[11]

Gotthilf Heinrich Schubert

Großen Einfluss auf die Romantiker übte der sächsische Arzt und Naturphilosoph Gotthilf Heinrich Schubert (1780–1860) aus, speziell mit seinen *Ansichten von der Nachtseite der Naturwissenschaft* (1808). Schubert deutete die Angst vor dem Tod als Ausdruck einer Zerrissenheit zwischen Mensch und Kosmos. Ziel müsse es sein, mit der Natur eins zu werden – ein typisch romantischer Gedanke. Überwunden werden könne diese Entfremdung auf mehrfache Art: durch den Traum, durch Rausch, durch Ekstase, aber auch durch den Wahnsinn, der eine andere, weil intensivere Welterfassung möglich mache, als dies beim Normalmenschen der Fall sei. Mit seinen antirationalistischen Schriften gilt Schubert als Pionier der Tiefenpsychologie, doch sind seine Erkenntnisse über das Unbewusste naturphilosophisch eingekleidet und noch sehr spekulativ.

11 Vgl. dazu Friedhelm Auhuber, *In einem fernen dunklen Spiegel. E. T. A. Hoffmanns Poetisierung der Medizin*, Opladen 1986.

Hoffmann kam mit der Problematik während seiner Bamberger Jahre in Berührung, in denen er Umgang mit den Ärzten der Stadt pflegte, darunter mit dem jüdischen Mediziner Adalbert Friedrich Marcus. In geselliger Runde erörterte man psychologische und psychiatrische Probleme. Diese Umstände laden dazu ein, den wenig später entstandenen *Goldnen Topf* unter dem Aspekt des Seelenkundlichen zu lesen: die Geschichte des Anselmus als Geschichte einer gespaltenen Persönlichkeit, als Fallstudie eines Schizophrenen.

■ Schizophrenie

Die erste genaue und gültige wissenschaftliche Beschreibung dieser psychischen Störung erfolgte erst ein Jahrhundert später durch den Zürcher Psychiater Eugen Bleuler. 1911 stellte er die Symptome des Spaltungsirreseins zusammen: das schubweise Auftreten, das Auseinanderbrechen zusammengehöriger Persönlichkeitsbereiche, weiter Angstzustände, Verfolgungswahn und Halluzinationen.

Es ist bemerkenswert, mit welchem psychologischen Instinkt Hoffmann noch im vorwissenschaftlichen Stadium diese Einzelsymptome der Schizophrenie erkannt und in der Person des Studenten Anselmus zu einem geschlossenen Krankheitsbild vereinigt hat; bemerkenswert aber auch, wie all das in dichterische Symbole umgewandelt ist.

Die andersartige, phantastische Welt, mit der Anselmus konfrontiert wird, besteht nach dieser Lesart allein in seinem Inneren. Die Verwandlung des Türklopfers in die Fratze des Äpfelweibs wäre somit nicht

49

Abb. 5: »Äpfelweib«. Kopie des Türknaufs am Haus Eisgrube 14 in Bamberg. – Foto: Gerald Raab

■ Symptome des Wahn-sinns

als Einbruch des Märchenhaften in die Alltagswelt zu verstehen, sondern als paranoide Vorstellung eines vom Verfolgungswahn Besessenen:

> »Da stand er und schaute den großen schönen bron-zenen Türklopfer an; aber als er nun auf den letzten die Luft mit mächtigem Klange durchbebenden Schlag der Turmuhr an der Kreuzkirche den Tür-klopfer ergreifen wollte, da verzog sich das metalle-ne Gesicht im ekelhaften Spiel blauglühender Licht-

blicke zum grinsenden Lächeln, Ach! es war ja das
Äpfelweib vom schwarzen Tor!« (S. 20)

Auch die Katatonie, eine klinische Hauptform der
Schizophrenie, in der motorische Störungen bis zur
Erstarrung führen können, wird von Hoffmann in
ein poetisches Bild umgesetzt, wenn Lindhorst den
abtrünnigen Anselmus in eine Kristallflasche ein-
schließt und damit zur Bewegungslosigkeit verdammt (S. 81 f.).

Gewiss ist *Der goldne Topf* als Märchen lesbar, aber
nicht ausschließlich. Darin liegt die Faszination des
Texts, dass er ebenso als in sich stimmige Geschichte
eines psychisch Kranken verstanden werden kann.
Die Beschreibung einer zunehmenden seelischen
Zerrüttung stellt dabei allerdings das Schema des Bil-
dungsromans auf den Kopf: nicht Erziehung, sondern
Vernichtung eines Menschen ist das Thema.

Dieser Zugang zur Lektüre ist freilich viel düsterer
als einer, der im *Goldnen Topf* ausschließlich ein Märchen sieht. Denn nicht Atlantis und damit eine poetische, versöhnliche Utopie steht dann am Ende von
Anselmus' Weg, sondern konsequenterweise der
Selbstmord. Mit der Episode in der Flasche bzw. auf
der Elbbrücke ist der Held aus dem Text verschwunden (vgl. S. 94) – aber wohin? Das letzte Kapitel ■ Selbstmord
spricht von einer Entrückung nach Atlantis, dem ver-
sunkenen Land – aber könnte dieses Versunkensein
nicht auch zum Ausdruck bringen, dass sich Anselmus von der Brücke hinab in die Elbe gestürzt hat und

dabei ertrunken ist? Dass der psychisch Kranke nicht nur metaphorisch seinen Halt verloren hat, sondern auch im wortwörtlichen, für ihn tödlichen Sinne? Schon in der zweiten Vigilie hat der Student gerade noch vom Schiffer davon abgehalten werden können, zum Entsetzen aller Mitfahrenden den vermeintlichen Schlänglein in die Elbfluten nachzustürzen (S. 14 f.). Auch in der Diskussion mit den aus der Sicht Anselmus' ebenfalls in Flaschen eingesperrten Kreuzschülern in der elften Vigilie behaupten diese:

> »[Er] bildet sich ein in einer gläsernen Flasche zu sitzen, und steht auf der Elbebrücke und sieht gerade hinein ins Wasser.« (S. 84)

Dies deutet auf einen Wahnzustand bei Anselmus hin. Der letzte Satz der elften Vigilie spricht explizit vom ›Sturz‹ »in die Arme der holden lieblichen Serpentina« (S. 89). Die Prophezeiung des Äpfelweibs vom Beginn der Erzählung hätte damit ihre makabre Erfüllung gefunden: »ins Kristall bald dein Fall« (S. 5). Mit einem versöhnlichen Märchenschluss hat eine solche radikale, ja tragische Auflösung jedoch nichts mehr gemein.

Märchenwelt und historischer Wandel

E. T. A. Hoffmann schrieb seinen *Goldnen Topf* in bewegten Zeiten. Schon von Beginn an stand sein Aufenthalt in Dresden unter kriegerischen Vorzeichen:

Als er im April 1813 eintrifft, ist Dresden von napoleonischen Truppen besetzt. Bereits zwei Wochen nach
seiner Ankunft verpasst ihm ein Querschläger am
Bein einen blauen Fleck.[12] Ende August wird er Zeuge
der Schlacht von Dresden: Durch das Fernrohr beobachtet er das Gemetzel zwischen den preußisch-
russischen Koalitionstruppen und den Franzosen.
48 000 Tote bleiben zurück – Hoffmann, der das Feld
nach der Schlacht besucht, ist entsetzt. Danach wird
die französisch besetzte Stadt von den Alliierten be-
lagert: Massensterben, Hunger und Seuche sind die
Folgen. Am 10. November kapitulieren Napoleons
Truppen.

■ Entste-
hungsbe-
dingungen

Ist dies die richtige Zeit, um sich ausgerechnet ein
Märchen auszudenken? Zwar beginnt Hoffmann erst
im Dezember 1813 mit der Reinschrift des *Goldnen
Topfs*, die er vier Monate später fertigstellt, doch obwohl der Untertitel verspricht, dass die Geschichte
»aus der neuen Zeit« stammt, bleibt das Zeitgeschichtliche ausgeklammert – so scheint es zumindest
auf den ersten Blick. Nichts von den Schrecken und
Unsicherheiten der Befreiungskriege spiegelt sich im
Text, sieht man von Veronikas Freundin Angelika ab,
die von ihrem Verlobten, einem Offizier, schon länger
nichts gehört hat (vgl. S. 40). Ist die Hinwendung
zum Märchen gleichbedeutend mit einer konsequen-
ten Abkehr Hoffmanns von den Herausforderungen

■ Realitäts-
flucht?

12 Vgl. Brief an Carl Friedrich Kunz (10. Mai 1813), in: Schnapp
(s. Anm. 5), S. 381–384.

der Geschichte? Entzieht er sich den Gräueln des Kriegs durch die Flucht ins Wunderbare?

Mag die Arbeit am *Goldnen Topf* für den Dichter vielleicht therapeutische Wirkung gehabt haben, völlig abgestreift hat er das Zeitgeschichtliche dabei nicht. Im Gegenteil: Fällt nicht mit dem Zusammenbruch des von Napoleon 1806 gegründeten Rheinbundes und dem einsetzenden Widerstand Preußens jene Phase in der Biographie Hoffmanns zusammen, in der er sich zur Schriftstellerei wendet? Was läge näher, als darin auch eine politische Motivation zu vermuten und somit auch eine politische Auslegung seiner Texte in Erwägung zu ziehen?[13]

Tatsächlich ist der Bezug aufs Politische vielfach im *Goldnen Topf* vorhanden, allerdings auf indirekte Art und Weise. So hat Volker Klotz 1976 den auffälligen Bewegungsdrang des Helden in einen historischen Rahmen eingepasst.[14] Anselmus' Hypermotorik, die ihn gleich im ersten Satz des Märchens in den Äpfelkorb stolpern lässt, ist deshalb bemerkenswert, weil sie in eine Zeit sozial- und mentalitätsgeschichtlichen Wandels fällt: Die undisziplinierte, maßlose Bewegung wird in der sich entwickelnden kapitalistischen Gesellschaft als Verstoß gegen das bürgerliche Gebot

■ Hyper-
motorik
und Sozial-
disziplin

13 Vgl. Günter Dammann, *Antirevolutionärer Roman und romantische Erzählung. Vorläufige konservative Motive bei Ch. A. Vulpius und E. T. A. Hoffmann*, Kronberg i. Ts. 1975.
14 Volker Klotz, *Warum die in Hoffmanns Märchen wohl immer so herumzappeln? Ein paar Hinweise zum 200. Geburtstag von E. T. A. Hoffmann*, in: *Frankfurter Rundschau*, Nr. 20, 24. Januar 1976, S. III.

der Ökonomie wahrgenommen. Alles habe sinnvoll und rationell zu sein und der Maxime der Zweckmäßigkeit zu gehorchen oder müsse andernfalls als Unart geahndet werden. Klotz vergleicht den *Goldnen Topf* mit dem 1847 erschienenen *Struwwelpeter* von Heinrich Hoffmann, wo der Bewegungsdrang eines Zappelphilipp ebenso unabsehbare Konsequenzen nach sich zieht wie im Falle des Studenten Anselmus, der für sein Missgeschick Verwünschungen einsteckt, obwohl er sich bemüht, den entstandenen Schaden mit bescheidenen Mitteln zu begleichen.

1979 hat der DDR-Schriftsteller Franz Fühmann versucht, das Unheimliche – eine Grundbefindlichkeit bei Hoffmann – aus der historischen Zeitsituation abzuleiten.[15] Ausgehend von Freud sieht er im Unheimlichen die Wiederkehr des Alten in der Alltagserfahrung. Gerade hier spiegelten sich die konkreten Entstehungsbedingungen von Hoffmanns Märchen wider: Dadurch, dass sich das Ende der napoleonischen Herrschaft abzeichnete, kämen restaurative Kräfte zum Zug, drohte Europa der Rückfall in Verhältnisse, wie sie noch vor der Französischen Revolution gang und gäbe gewesen waren. Folgt man Fühmanns Argumentation, so nimmt Hoffmann in Form einer Schauergeschichte die Grundkonstellation der Restaurationszeit vorweg: Die Gegenwart wird von der Vergangenheit eingeholt, indem ent-

■ Restauration als Bedrohung

---

15 Franz Fühmann, *Fräulein Veronika Paulmann aus der Pirnaer Vorstadt oder Etwas über das Schauerliche bei E. T. A. Hoffmann*, Rostock 1979, S. 55–115.

rückte Mächte – bei Hoffmann die Zauberwesen, in der Realität die entthronten Fürsten – den Alltag neu zu bestimmen beginnen.

Die Politik der Reaktion und Gegenrevolution ist auch ein zentraler Angelpunkt in der Analyse Michael Rohrwassers, die er 1991 über den Typus des Zauberers bei Hoffmann vorgelegt hat.[16] Dabei unterscheidet er zwischen weisen, alten Meistern vom Schlage eines Lindhorst, die ein Hang zur Poesie auszeichnet, und solchen Magiern, deren Ziel es ist, zerstörerisch gegen den Menschen zu intrigieren, ohne innere Beteiligung über sie Macht auszuüben. Genau diese Elemente sieht Rohrwasser als Spiegelbild des Zeitpolitischen: die Heimlichkeit und Gesichtslosigkeit, mit der die restaurativen Kräfte abseits der Öffentlichkeit ihre Fäden ziehen; die Zugriffsmöglichkeiten der Staatsmacht auf den Einzelnen, die Hoffmann als Juristen nicht fremd waren; nicht zuletzt aber den Zauberer als großen Manipulator, der – so wie auch Lindhorst – die Beweggründe für sein Handeln nicht unmittelbar dartut.

■ Der Magier als Repräsentant der Epoche

Gemeinsam ist allen drei Interpretationen, dass sie versuchen, den *Goldnen Topf* und andere phantastische Erzählungen Hoffmanns als Dokumente des Strukturwandels zu begreifen, in denen gesellschaftliche Veränderungen auf sehr subtile Weise verarbeitet werden.

16 Michael Rohrwasser, *Coppelius, Cagliostro und Napoleon. Der verborgene politische Blick E. T. A. Hoffmanns. Ein Essay*, Basel und Frankfurt a. M. 1991.

Der Schreiber wird Künstler

Der *Goldne Topf* hat eine mediale Komponente: Man kann ihn als die Geschichte eines jungen Menschen lesen, der das Schreiben erlernt – und das im doppelten Wortsinn. Denn einerseits ist in Anselmus' Werdegang der Lebenslauf eines Schriftstellers verschlüsselt, der am Ende im Reich der Phantasie landet. Dazu hat es genügt, bloß in der Bibliothek zu sitzen und sich eine Welt im Kopf anzueignen. Und zwar parallel zu der recht mechanischen Tätigkeit, dem »Schreibenlernen« im wortwörtlichen Sinne, nämlich der rein körperlichen Beherrschung der Feder.

Werdegang eines Schriftstellers

Schreiben ist für Anselmus zunächst ein sehr trockenes Geschäft – bloße Beamtentätigkeit, die bei Lindhorst mit dem Kopieren von unverständlichen Zeichen einsetzt. Die Konfrontation mit Schrift und Schreiben vollzieht sich für Anselmus zunächst also auf einer niedrigen Stufe. Immerhin sind aber die Buchstaben in der Bibliothek des Zauberers schon mit der Aura des Geheimnisvollen versehen.

Der Veredelungsprozess, den Anselmus in der Folge durchläuft, weist Parallelen zu alchemistischen Prozeduren auf. Hoffmanns Text ist überlagert mit tradierten Bildvorstellungen aus dieser magisch und naturphilosophisch durchwachsenen Vorstufe der Chemie, nicht nur was das Bild von der Kristallflasche am Übergang von der neunten zur zehnten Vigilie betrifft. Auf Illustrationen in alchemistischen Büchern sind hie und da Schlangen oder geflügelte Wesen zu sehen, die an die Verwandlungen von Lindhorst und seinen Töchtern erinnern.

Schlangen spielen auch eine Rolle in jenen Vorstellungen von der Kalligraphie, also der Kunst des Schönschreibens, die man zu Hoffmanns Zeiten hatte. Genauer gesagt: die Schlangenlinie, die *figura serpentinata*, mit der in der bildenden Kunst dynamische Bewegung gestaltet wird. Besondere Rolle spielt sie in der Spätrenaissance und im Manierismus, wo in der Plastik geschraubte, gewundene Figuren auftauchen. Das ordentliche Aufzeichnen eines abstrakten Schlangenornaments galt um 1800 als Prüfstein für jemanden, der mit der Verschmelzung von Nützlichem und Ästhetischem in einer sauberen Handschrift eine Anforderung für höhere Berufe erfüllen musste.

Kunsttheoretiker fanden für die *figura serpentinata* eine Entsprechung in den Windungen des Buchstabens »S« oder in der Feuerflamme. Die wiederum ist im vormodernen Symboldenken dem Salamander zugeordnet, weil dieser nach antiker Vorstellung nicht verbrennen kann. Wer könnte Anselmus also besser in die Kunst der *figura serpentinata* einführen als eine aus altem Salamandergeschlecht stammende Schlangentochter? Unter Serpentinas Mithilfe wächst Anselmus' Verständnis für die geheimnisvollen Zeichen, nachdem er doch anfangs über fürchterliches Gekrakel nicht hinausgekommen ist:

Abb. 6: Die antike Laokoon-Gruppe, 1506 wiederentdeckt, hat wohl Michelangelo zu schlangenartigen Linienformen angeregt.

»Da war keine Ründe in den Zügen, kein Druck richtig, kein Verhältnis der großen und kleinen Buchstaben, ja! schülermäßige schnöde Hahnenfüße verdarben oft die sonst ziemlich geratene Zeile.« (S. 51)

Mit der Chemie des Wunderbaren lässt Lindhorst dieses traurige Probestück der Schreibkunst verschwinden. Ein mit Wasser befeuchteter Finger genügt, um die Tusche spurlos aufzulösen – eine Metapher dafür, wie die Entwicklung von Anselmus nun zu einem Wendepunkt und Neuanfang gerät.

Am Schluss geht der junge Student in einer Utopie der Kunst auf, darf ein »Leben in der Poesie« (S. 102) führen. Dass er letztlich im Paradies landet, ist nur allzu konsequent, denn immerhin hat die Erzählung mit einer Variation einer Paradiesesszene begonnen – als er in der ersten Vigilie auf die drei Schlangen im Holunderbaum trifft. Dieses Ende in Harmonie und Verklärung ist allerdings nicht nur als Gegenwurf zu der von Alltagsnöten geplagten Situation des fiktiven Schriftstellers, des Erzählers des *Goldnen Topfs*, zu sehen, der den Lebensweg des Studenten in der Enge seiner Dachstube aufzeichnet und von Schreibhemmung und dem Gefühl des Versagens geplagt ist, sondern auch als Utopie mit Wirkungspotential in der Realität: Immerhin ermöglicht sie dem Erzähler den Abschluss der zwölften Vigilie und damit die Vollendung des schriftstellerischen Kunstwerks (vgl. auch oben Kap. 4, S. 40 f.). Möglicherweise hat auch Hoffmann selbst eine solche Schlussvision in einer seiner kritischsten Lebensphasen nötig gehabt: Neun Tage nach Fertigstellung seines *Goldnen Topfs* verlor er seine Stelle als Musikdirektor, wodurch sich seine Notlage verschärfte.

Das Einflechten von Aspekten der Ästhetik, der Naturwissenschaft, der Religion und der Magie machen aus der Geschichte des Anselmus eine hoch-

komplexe Erzählung, die gegen die landläufige Vorstellung gestrickt ist, bei einem Märchen habe es man
zwangsläufig mit einem simplen und kindertaugli-
chen Text zu tun.

7. Autor und Zeit

Biographische Übersicht

1776   Geburt in Königsberg am 24. Januar als Sohn von Christoph Ludwig Hoffmann und dessen Cousine Luise Albertine.

1792   Mit dem Beginn des Jurastudiums in Königsberg schlägt Hoffmann einen für seine Familie typischen Berufsweg ein.

1795   Erste Kompositionen: Klavierstücke und Vokalwerke.

1800   Nach Abschluss des dritten juristischen Examens Assessor am Obergericht in Posen.

1802   Aufhebung der Ernennung zum Regierungsrat und Strafversetzung nach Plozk wegen ungebührlicher Karikaturen. Lösung der seit 1798 bestehenden Verlobung mit Minna Doerffer und Hochzeit mit Mischa Rorer-Trzcińska.

1804   Versetzung zur südpreußischen Regierung in Warschau als Regierungsrat. Erste Publikation: *Schreiben eines Klostergeistlichen an seinen Freund in der Hauptstadt*, eine dramentheoretische Schrift über die Wiedereinführung des Chors in der Tragödie.

1806   Mit der Besetzung Polens durch Napoleon verliert Hoffmann seine Wohnung und seine Stellung.

1807   Übersiedlung nach Berlin, wo er als Stellungsloser Armut und Krankheit erduldet. Tod der zweijährigen Tochter Caecilia.

Abb. 7: E. T. A. Hoffmann, Kupferstich nach einer Zeichnung
von Wilhelm Hensel von 1821

1808 Kapellmeister am Bamberger Theater, wo
Hoffmann mit großen logistischen und künst-
lerischen Problemen zu kämpfen hat. Bekanntschaft mit Juliane Mark und damit Beginn einer
unglücklich endenden Leidenschaft.

63

1809   Der Mozartverehrer Hoffmann lässt seinen dritten Vornamen von »Wilhelm« auf »Amadeus« ändern.

1813   Musikdirektor der Secondaschen Theatertruppe in Dresden. Napoleons Niederlage bei Leipzig erfüllt Hoffmann mit der Hoffnung auf eine Verbesserung seiner Lebensumstände.

1814   Aufenthalt in Leipzig, wo die Oper *Undine* abgeschlossen wird. In Berlin Wiederaufnahme des Staatsdienstes, damit aufreibende Doppelbelastung als Beamter und als Künstler.

1819   Als Mitglied eines Sondergerichts wird Hoffmann mit dem Vorgehen gegen staatsfeindliche Elemente betraut.

1821   Beförderung in den Oberappellationssenat des Kammergerichts. Beginn einer schweren Erkrankung zum Jahreswechsel.

1822   Skandal um das Märchen *Meister Floh*. Hoffmann stirbt am 25. Juni an den Folgen einer Atemlähmung. Sein Grab befindet sich in Berlin auf dem Friedhof III vor dem Halleschen Tor.

■ Hoffmanns Universaltalent

Bei E. T. A. Hoffmann handelt es sich um den einzigen deutschsprachigen Künstler von Rang, der als Schriftsteller, als Maler und als Komponist tätig war. Er scheint die Personifikation jenes romantischen Ideals zu sein, das von der Zusammenführung aller Künste träumte. Dem nicht genug: Hoffmann wirkte auch als Dirigent, Musikkritiker, Musikpädagoge und

Bühnenbildner; alles in allem ein schillernder Univer-
salgeist, dessen vielfältige Talente in eigentümlichem
Gegensatz zu seinem trockenen Brotberuf des Justiz-
beamten standen.

Beamter war auch sein Vater, der Kriminalrat und
Justizkommissar Christoph Ludwig Hoffmann, als
dessen dritter Sohn Ernst Theodor Wilhelm am
24. Januar 1776 in Königsberg zur Welt kam. Den drit- ■ Jugend in
ten Vornamen gab der Dichter später auf und nannte   Königsberg
sich aus Verehrung für Mozart »Amadeus«. Bereits
nach zwei Jahren trennten sich die Eheleute; Ernst
Theodor blieb bei seiner depressiven Mutter Luise Albertine und wuchs zusammen mit deren drei unver-
heirateten Geschwistern im Haus seiner Großmutter
auf, ohne sich dabei wirklich von einer Familie behü-
tet fühlen zu können. Besonders der zuchtmeisterli-
che und pedantische Onkel Otto Wilhelm, mit dem
sich der Knabe Wohn- und Schlafraum teilen musste,
rief Widerstände hervor, zeichnete aber verantwort-
lich für die Grundlagen von Hoffmanns musikali-
scher Ausbildung.

1792 immatrikulierte Hoffmann an der Königsberger Universität, doch lag ihm das Jurastudium weni- ■ Studium
ger am Herzen als die Musik und Malerei. Nebenbei   und Beginn
verdiente er sich sein Zubrot als Musiklehrer und be- der Berufs-
gann eine Affäre mit einer um zehn Jahre älteren   laufbahn
Schülerin. Der Gefahr, Gegenstand allgemeinen Trat-
sches zu werden, entzog er sich 1796 mit dem Antritt
einer Stelle als Assessor im schlesischen Glogau (heute Glogów). 1798 wechselte er nach Berlin, zwei Jahre

später nach Posen (heute Poznań), wo auch seine ersten Kompositionen öffentlich aufgeführt wurden.

■ Schicksals-
jahr 1802

Anfang März 1802 löste er die seit vier Jahren bestehende Verlobung mit seiner Cousine Wilhelmine (Minna) Doerffer und heiratete bereits im Juli die Polin Michaelina (Mischa) Rorer-Trzcińska. Zugleich ging seine vielversprechende Beamtenkarriere vorerst zu Ende, weil er auf einem Ball Karikaturen von Personen der Posener Gesellschaft verfertigt hatte, die sich darüber wenig amüsiert zeigten. Hoffmann wurde in die Provinz versetzt, in das Weichselstädtchen Plozk (heute Płock).

Erst 1804 endete sein unfreiwilliges Exil mit einer Berufung nach Warschau, das seit der dritten Polnischen Teilung (1795) zu Preußen gehörte. Zwei Jahre

■ Verlust des
Beamten-
postens

später besetzten die Franzosen die Stadt: Hoffmann verlor seinen Beamtenposten, weil er den Eid auf die neuen Machthaber verweigerte, erkrankte schwer an einem Nervenfieber und landete arbeitslos und ohne Mittel in Berlin. Mitte August 1807 starb seine zweijährige Tochter Caecilia.

■ Bamberg

Als Hoffmann im November 1807 das Angebot erhielt, am Bamberger Theater den Posten des Musikdirektors anzutreten, schien sich eine entscheidende Wendung zum Positiven anzubahnen, zumal er zum ersten Mal die Gelegenheit erhielt, die Kunst zu seinem ausschließlichen Beruf zu machen. Jedoch geriet schon die erste Vorstellung, die der Neuzugang aus dem Norden dirigieren sollte, wegen Intrigen aus der Kollegenschaft und wegen der argwöhnischen Ablehnung durch das Publikum zur Katastrophe. Hoffmann legte sein Kapellmeisteramt nieder und verlegte sich aufs Komponieren, aufs Unterrichten und das Verfassen von Rezensionen, alles eher ungesicherte Beschäftigungen. Mit der Übernahme der mittlerweile ruinierten Bamberger Bühne durch Franz von Holbein, einen alten Bekannten, eröffnete sich für Hoffmann eine zweite Chance. Im Theaterbetrieb bekam er vielfältige Aufgaben zugewiesen – Sekretär, Bühnenbildner und Kulissenmaler, bis hin zum Komponisten.

In heillose Verwirrung geriet sein Privatleben, als er 1808 begann, der damals 12-jährigen Julia Mark, Tochter einer verwitweten Konsulin, Gesangsstunden zu erteilen. Hoffmann entwickelte eine verzehrende Leidenschaft für das Mädchen, wohl wissend, dass eine Verbindung unmöglich war, weil eine Trennung von seiner Frau einen gesellschaftlichen Skandal heraufbeschworen hätte. In dieser Zeit stark selbstmordgefährdet, betäubte er seinen Liebesschmerz im Alkohol.

■ Liebe zu Julia Mark

Der Anfang vom Ende kam im September 1812, als Hoffmann bei einer feuchtfröhlichen Landpartie Julias Verlobten zu beschimpfen begann und daraufhin Hausverbot erhielt. Die Abreise des Mädchens aus Bamberg besiegelte drei Monate später zumindest äußerlich das Ende der Affäre, doch setzte er das Andenken an die um zwanzig Jahre Jüngere in seinen Werken künstlerisch um.

So haben emsig recherchierende Germanisten die

dunkelblauen Augen Julias in denen von Serpentina (vgl. S. 10) und Veronika (vgl. S. 16) wiederentdeckt. Es ist wohl kaum Zufall, dass der Namenspatron des Helden Anselmus am 18. März gefeiert wird, dem Geburtstag Julias. Auffällig ist auch, dass zerstörte Liebesbeziehungen und verhinderte Hochzeiten immer wieder in den Erzählwerken Hoffmanns auftauchen – vielleicht Indiz dafür, wie tief die Kerbe war, die die Heirat des Mädchens in der Seele des Dichters hinterlassen hatte.

Die Bamberger Jahre endeten mit einem Engagement als Musikdirektor bei der Operngesellschaft Joseph Secondas im März 1813, mit der Hoffmann nach Dresden und später nach Leipzig kam. Die Arbeit dort befriedigte ihn allerdings kaum, und den Querelen mit seinem Vorgesetzten folgte im Februar 1814 die Kündigung.

Zu Napoleon konnte Hoffmann nie ein positives Verhältnis gewinnen. Obwohl er den Korsen persönlich gesehen hatte, war er nie dessen Faszination erlegen, hatte ihn im Gegenteil sogar zum Opfer seiner politischen Karikaturen gemacht. Zu gegenläufig waren auch die Lebenskurven beider: Stand Napoleon 1807 im Zenit seiner Macht, Hoffmann hingegen am Tiefpunkt seines Lebens, so begann erst mit dem Niedergang des Kaisers die berufliche und materielle Konsolidierung seiner Existenz.

Zusammen mit seiner Gattin übersiedelte Hoffmann nach Berlin und begann seine – zunächst unbezahlte – Tätigkeit am Kammergericht. Weiterhin ver-

Die Secondasche Theatergruppe

68

folgte er aber seine künstlerische Karriere am Theater, die er sich über seine Oper *Undine* erhoffte. In der opulenten Ausstattung von Karl Friedrich Schinkel rief sie großes Echo hervor, doch den angepeilten Kapellmeisterposten an den Königlichen Schauspielen erhielt er nicht.

■ Wiederaufnahme der Beamtentätigkeit

Die immer erfolgreichere Schriftstellerei, die für ein willkommenes Zusatzeinkommen sorgte, wurde von den Vorgesetzten deshalb geduldet, weil Hoffmann als Musterbeamter seine Pflichten gewissenhaft und objektiv erfüllte. Sein Aufstieg verlief jedoch nicht ungetrübt. 1819 hatten Preußen, Österreich und Russland in den Karlsbader Beschlüssen eine härtere Gangart gegen oppositionelle Kräfte im Staat festgelegt, und Hoffmann wurde Mitglied jener Kommission, die gegen hochverräterische Umtriebe zu ermitteln hatte. Ganz konnte er sich mit seiner Aufgabe nie identifizieren, und so ventilierte er seine Unzufriedenheit 1822 in dem satirischen Märchen *Meister Floh*. Weil er darin aus Akten zitiert hatte, leitete der zuständige Polizeidirektor Karl Albert von Kamptz gegen ihn ein Disziplinarverfahren wegen Verletzung der Amtsverschwiegenheit ein.

■ Demagogenverfolgung

Der Tod des Dichters am 25. Juni 1822 kam einem Urteilsspruch zuvor. Eine Lähmung hatte sich schrittweise und unaufhaltsam über den ganzen Körper ausgebreitet. In seiner Verzweiflung ließ sich Hoffmann glühende Eisen am Rücken ansetzen, die die Nerven stimulieren sollten – eine höllische Prozedur, die außer schrecklichen Brandwunden keinerlei Wir-

■ Erkrankung und Tod

kung zeigte. Am Ende konnte er nicht einmal mehr schreiben, sondern war aufs Diktieren angewiesen.

Schulden

Der Dichter hinterließ einen enormen Schuldenberg. Das Weinhaus Lutter & Wegener beanspruchte die Hälfte des Gesamtbetrages, der mehr als das Siebenfache von Hoffmanns jährlicher Miete umfasste – und er hatte nicht schlecht gelebt, immerhin in einer geräumigen Wohnung im Herzen Berlins! Als späten Dank dafür, dass die Anwesenheit des Dichters zahlreiche Gäste in sein Lokal gelockt hatte, verzichtete der Hauptgläubiger jedoch auf seine Forderung.

Werke

E. T. A. Hoffmanns literarisch fruchtbare Phase währte nur die letzten 13 Jahre seines Lebens. Vor seiner Hinwendung zur Dichtkunst hatte sich Hoffmann selbst in erster Linie als Komponist gesehen.

1814/15 *Fantasiestücke in Callot's Manier.* In vier Bänden erschienen, vereinigt die Sammlung 19 Texte der unterschiedlichsten Art: kunsttheoretische Erörterungen ebenso wie den Dialog zwischen einem Hund und einem Ich-Erzähler, Gedankensplitter ebenso wie das Märchen *Der goldne Topf* oder *Der Magnetiseur*, eine Geschichte vom Paranormalen. Auch Hoffmanns erster erhaltener literarischer Text, die bereits 1809 erschienene Künstlererzählung vom *Ritter Gluck*, ist in die Sammlung aufgenommen: In Berlin schließt ein Ich-Erzähler Bekanntschaft mit einer sonderbaren Erscheinung, die über erstaunliche musikalische Kenntnisse verfügt. Erst im letzten Satz gibt sich der Fremde zu erkennen: »Ich bin der Ritter Gluck!« Wie im *Goldnen Topf* ist auch in dieser Erzählung das Irrationale in eine realistische städtische Alltagskulisse eingebettet. Legten frühere Interpretationen den Text auf eine einzige Lesart fest, indem sie im Ritter Gluck entweder einen Irren oder ein Gespenst sahen, betonen neuere Deutungen, dass eine einzige Lesart nicht ohne Widersprüche möglich ist. Da der Dichter die Erzählung gewollt mehrdeutig angelegt hat, bleibt eine Lösung letztlich offen.

1815/16 *Die Elixiere des Teufels.* Autobiographische Beichte des Mönchs Medardus, der von einem Getränk kostet, das in einem Kloster unter Verschluss gehalten wird und das Böse in ihm freisetzt. Geheimnisvolle Episoden, eingebettet in ein kompliziertes Verwandtschafts- und Beziehungsgeflecht, ranken sich um Liebeswahnsinn, Blutschande, Ehebruch, Mord und nicht zuletzt um das Motiv des Doppelgängers. Zunächst wurde der Roman dank seines routinierten Spannungsaufbaus als reine Unterhaltungsliteratur missverstanden. Allerdings trägt das Erzählte alle Voraussetzungen für eine psychologische Lesart in sich, zumal es bei den geschilderten irrationalen Bedrohungen unsicher bleibt, ob sie objektive Wirklichkeit sind oder nur in der subjektiven Einbildung existieren. Literaturgeschichtlich ist das Werk dem Genre des englischen Schauerromans, der sogenann-

ten »Gothic Novel«, verpflichtet, vor allem dem er-
folgreichen Skandalbuch *The Monk* (1795; dt. *Der
Mönch*, 1797), dem Romanerstling des damals erst
neunzehnjährigen Matthew Gregory Lewis.

1816/17 *Nachtstücke.* Ursprünglich kommt der Ter-
minus »Nachtstück« aus der bildenden Kunst und bezeichnet ein Gemälde, in dem Effekte vor allem durch
starke Licht- und Schattenkontraste bewirkt werden.
Hoffmann lässt in den acht Geschichten dieser
Sammlung einige Szenen auch tatsächlich in der
Nacht spielen, doch bezieht sich der Titel darüber
hinaus auf ein durchgängiges Motiv: die Bedrohung
des Individuums durch das Unheimliche, den Wahnsinn, durch Verführungsmächte – auf die Nachtseite
der menschlichen Existenz also. Alles ist durchwirkt
vom Unheimlichen, von künstlichen Menschen, Telepathie, Schlafwandlerei und Mesmerismus. Am be-
rühmtesten ist *Der Sandmann* geworden, nicht zuletzt auch wegen der psychoanalytischen Interpretation durch Sigmund Freud (1919), die eine Reihe von
Befürwortern und Gegnern auf den Plan rief. Tatsächlich ist die Geschichte vom Studenten Nathanael, der
im Wetterglashändler Coppola die Schreckgestalt seiner Kindheitstage, nämlich den Advokaten Coppelius, wiedererkennt, für eine seelenkundliche Betrach-
tung sehr ergiebig, besonders weil Nathanael immer
mehr traumatischen Angstzuständen verfällt und
sich schließlich von einem Turm herabstürzt. Wie
Der goldne Topf ist auch diese hoffmannsche Erzäh-

lung mehrfach lesbar: Ist das Phantastische tatsächlich Teil der Realität oder alles nur das Hirngespinst eines vom Verfolgungswahn Besessenen?

1818 *Seltsame Leiden eines Theater-Direktors.* Satirische Abrechnung mit dem Theaterbetrieb in Dialogform.

1819 *Klein Zaches genannt Zinnober.* Eine mitleidige Fee hat die Titelgestalt, eine zwergenhafte Missgeburt, mit der Gabe beschenkt, dass alle in seiner Gegenwart von anderen erbrachten vortrefflichen Ideen, Äußerungen und Leistungen ihm zugeschrieben werden, während die Schuld für seine eigenen Fehler auf seine Mitmenschen fällt. Dass er seinen kometenhaften Aufstieg am Fürstenhof bis zur Ministerwürde bloß Handlungen verdankt, die nichts anderes als blanke Illusion sind, macht die gesellschaftskritische Spitze dieser Erzählung aus. Am Schluss ersäuft der Gnom in einem silbernen Nachttopf, und diejenigen, die seinetwegen das Nachsehen gehabt haben, finden endlich ihr Glück.

1819–21 *Die Serapionsbrüder.* Vierbändiger, nach dem Vorbild von Ludwig Tiecks Sammlung *Phantasus* (1812–16) gestalteter Zyklus von etwa dreißig zum Teil nicht betitelten Erzählungen, die meistens bereits zuvor in Zeitschriften und Taschenbüchern erschienen waren. Verbunden werden die einzelnen Texte durch Kunstgespräche zwischen vier Freunden. Von

Hoffmanns sieben Märchen finden sich drei in dieser Sammlung: *Nussknacker und Mausekönig*, weltweit populär geworden durch Tschaikowskys Ballett (1892), *Das fremde Kind* und *Die Königsbraut*, wo sich der Einbruch der übernatürlichen Welt in den bürgerlichen Alltag in extrem skurriler und parodistischer Weise vollzieht. *Das Fräulein von Scuderi* passt das Thema vom Künstler als Außenseiter in die Form der Kriminalnovelle ein, indem sie das Psychogramm eines vom inneren Dämon getriebenen Goldschmieds entwirft, der unfähig ist, sich von seinen Werken zu trennen, und dadurch zum Serienmörder wird.

1819/21 *Lebens-Ansichten des Katers Murr.* Nur zwei Bände dieses Romans hat Hoffmann fertiggestellt und auch selbst illustriert; bevor er den dritten in Angriff nehmen konnte, starb er. Eine Fortsetzung erschien bereits 1826 von Hermann Schiff unter dem Titel *Nachlass des Katers Murr.* – In einem kühnen kompositorischen Konzept verbindet der Autor zwei unterschiedliche Biographien: Die eine ist die eines vermenschlichten Katers; die andere die des schon aus den *Fantasiestücken* bekannten Kapellmeisters Johannes Kreisler. Dadurch, dass der schreibende Kater die Blätter, auf denen die Lebensgeschichte des Musikers aufgezeichnet ist, als Konzeptpapier verwendet und ein unaufmerksamer Setzer versehentlich jeweils sowohl die Vorder- als auch die Hinterseite absetzt, gehen die beiden Biographien bruchlos ineinander über, so dass Murrs zeitlich geordneter Bericht immer

wieder von den unzusammenhängenden, unvoll-
ständigen und in der Chronologie springenden Abschnitten der Kreisler-Biographie unterbrochen wird.
Hoffmann parodiert dabei das Muster des Bildungs-
romans, speziell jenes von Goethes *Wilhelm Meister*,
und porträtiert satirisch das bürgerliche Kleinstadtle-
ben ebenso wie die zwischen Bösartigkeit und
Schwachsinn schwankende Hofaristokratie. Lange
Zeit wurde der Roman als abstruse Ausgeburt ver-
kannt; erst das 20. Jahrhundert entdeckte seine avant-
gardistischen Qualitäten.

1820 *Prinzessin Brambilla.* Angeregt durch Jacques
Callot und Carlo Gozzi, entwickelt Hoffmann vor
dem Hintergrund des römischen Karnevals ein ver-
wirrendes Spiel um erträumte Liebschaften, Ver-
wechslungen und den Verlust der Identität. Wie
schon *Der goldne Topf* ist auch dieses Märchen als Geschichte einer psychischen Krise deutbar.

1822 *Meister Floh.* Hoffmanns letztes Märchen knüpft
an die Verfahrensweise des *Goldnen Topfs* an, indem
es zur Handlung eine phantastische Vorgeschichte
nachreicht und ein Sonderling einer Reihe von Dop-
pelexistenzen gegenübergestellt wird, die sowohl in
der bürgerlichen Welt Frankfurts als auch in der Sphäre des Märchens beheimatet sind. Wegen ihrer satirischen Sprengkraft geriet die Erzählung zum handfes-
ten Justizskandal und wurde erst 1908 vollständig
veröffentlicht.

1822 *Des Vetters Eckfenster.* Die Geschichte eines gelähmten Schriftstellers, der von seinem Stubenfenster aus das städtische Treiben beobachtet, spiegelt zwar Hoffmanns Situation in seinen letzten Lebenswochen wider, ist darüber hinaus aber auch Reflexion über das Erzählen an sich.

Als Literat war Hoffmann Vollbluterzähler, als Komponist hatte er hingegen in erster Linie die Bühne im Auge. Über die Hälfte seines musikalischen Werkkatalogs verzeichnet Kompositionen für das Theater: Singspiele, Schauspielmusiken sowie das Ballett *Arlequin* (1809). Mit *Undine* (1816 nach Friedrich de la Motte Fouqué) wurde er zum Mitbegründer der deutschen romantischen Oper. Vieles von seinen Bühnenkompositionen ist verloren gegangen, ebenso von seinen Messen, Liedern, Klavierstücken und kammermusikalischen Werken. Geschult an Gluck, Mozart, Beethoven und Spontini, verfügte der Musiker Hoffmann aber in seinen Kompositionen nicht über die gleiche innovatorische Energie wie als Dichter.

■ Musika-
lisches
Schaffen

8. Rezeption

Hoffmanns Wirkung in Deutschland

Die Sammlung der *Fantasiestücke* mit dem darin abgedruckten *Goldnen Topf* stieß bei den Rezensenten auf eine überwiegend positive Resonanz: 15 unmittelbar nach dem Erscheinen gedruckte Kritiken sind bekannt, nur eine davon ist negativ. Sie stammt aus der *Jenaischen Allgemeinen Literatur-Zeitung* vom Dezember 1815, und zwar aus der Feder des Historikers Carl Ludwig von Woltmann.[17] Obwohl der *Goldne Topf* darin im Vergleich zu den anderen *Fantasiestücken* noch am besten wegkommt, wiegt der Vorwurf der mangelnden Originalität doch schwer: Zu viel erinnere an Jean Paul, Ludwig Tieck oder an Novalis. Woltmann las den Text aus dem Blickwinkel der klassischen Kunstauffassung, die eine strenge Form ebenso zum Maßstab ihres Urteils machte wie die Anforderung an die Literatur, sie solle Künderin sittlicher Ordnung und sittlicher Werte sein – kein Wunder, dass Hoffmanns Märchen den Ansprüchen des Rezensenten nicht genügte.

■ Zeitgenössische Kritiken

So musste der Text auch bei Goethe, der mit Woltmann lange Zeit in Kontakt stand, ein Gefühl der Befremdung hinterlassen. »Den goldnen Becher [!] angefangen zu lesen. Bekam mir schlecht; ich verwünschte die goldnen Schlängelein«, notierte er in

■ Hoffmann und Goethe

---

17 Abgedruckt in: Wührl, *Erläuterungen und Dokumente* (s. Anm. 3), S. 133 f.

sein Tagebuch.[18] Goethes Mischung aus Ignoranz und Ablehnung kam nicht von ungefähr, musste ihm Hoffmanns Erzählung doch das sein, was er schon Jahre zuvor am Romantischen verdammt hatte: »ein Gemachtes, ein Gesuchtes, Gesteigertes, Übertriebenes, Bizarres bis ins Fratzenhafte und Karikaturartige.«[19] Hoffmanns Werke blieben Goethe fremd, da sie ihm als extravagante Auswucherungen eines kranken Gemüts erschienen.

■ Gering-
schätzung

Das war auch die Meinung, die sich im Laufe des 19. Jahrhunderts in Deutschland immer stärker breitmachte. Auch Hoffmanns unsolider Lebenswandel ließ ihn als identitätsstiftende Gestalt für das deutsche Bildungsbürgertum wenig tauglich erscheinen – zu sehr hatte sich das Bild vom haltlosen Alkoholiker bereits eingeprägt. Den politischen Dichtern des Vormärz war Hoffmann wiederum zu unpolitisch. So galt er lange Zeit bloß als Schreiber von Gruselgeschichten und Lieferant trivialer Sensationen, dessen regellose Phantastereien als Ausfluss eines gestörten Gemüts bewertet wurden. Produktive Auseinander-

18 Tagebucheintragung vom 21. Mai 1827, in: Johann Wolfgang Goethe, *Sämtliche Werke, Briefe, Tagebücher und Gespräche*, 40 Bde., Bd. II/10 (37), *Die letzten Jahre. Briefe, Tagebücher und Gespräche von 1823 bis Goethes Tod. Teil I: Von 1823 bis zum Tode Carl Augusts 1818*, hrsg. von Horst Fleig, Frankfurt a. M. 1993, S. 478.

19 Goethe im Gespräch mit Friedrich Wilhelm Riemer (18. August 1808), in: Goethe, *Sämtliche Werke*, Bd. II/6 (33), *Napoleonische Zeit. Briefe, Tagebücher und Gespräche vom 10. Mai 1805 bis 6. Juni 1816. Teil I: Von Schillers Tod bis 1811*, hrsg. von Rose Unterberger, Frankfurt a. M. 1993, S. 361–363, S. 362.

setzungen blieben die Ausnahme – wie bei Richard Wagner oder bei Robert Schumann, dessen 1838 für Klavier komponierter Fantasienzyklus *Kreisleriana* eine Hommage an Hoffmann darstellt; zwei Opern zu Erzählungen des Dichters kamen allerdings über das Stadium der Planung nicht hinaus.

Bis zum Beginn des 20. Jahrhunderts fand der »Gespensterhoffmann« bei Literaten und Wissenschaftlern kaum Beachtung. Mittlerweile ist der Dichter in der Literatur jedoch zum Zitiergut geworden: bei Peter Henisch (*Hoffmanns Erzählungen. Aufzeichnungen eines verwirrten Germanisten*, 1983), im Hoffmann-Krimi *Undines Tod* (1997) von Henning Boëtius und bei vielen anderen Autoren.

> Hoffmann-Renaissance

Immer wieder haben sich Hoffmanns Erzählstoffe als sehr bühnentauglich erwiesen. So fand im Herbst 2000 der *Goldne Topf* in der Fassung von Anita Ferraris für das Kölner Atlantis Theater seinen Weg vor ein Theaterpublikum. Die Opernbearbeitungen des *Goldnen Topfs* – von Walter Braunfels (unvollendet, um 1905), Wilhelm Petersen (1941), György Kósa (*Anselmus diák*, 1945) und Eckehard Mayer (1989 für die Dresdener Musikfestspiele) – konnten sich allesamt im Repertoire nicht etablieren, obwohl kaum ein anderer deutscher Erzähler so häufig vertont wurde wie Hoffmann.

> *Der goldne Topf* auf der Bühne

Hoffmanns Wirkung im Ausland

In dem Maße, in dem der Stern des Dichters im eigenen Land zu sinken begann, stieg er im Ausland, besonders in Frankreich. Gleich mehrere Übersetzungen, die nach seinem Tod erschienen –, die erste in 20 Bänden zwischen 1829 und 1833 – befriedigten die Vorliebe der Franzosen für das »genre hoffmannesque«. Ihren Höhepunkt fand die französische Hoffmann-Rezeption in den dreißiger Jahren des 19. Jahrhunderts bei der romantischen Generation: bei Charles-Augustin de Sainte-Beuve, bei Théophile Gautier und bei Gérard de Nerval, der Hoffmann in einem Atemzug mit Goethe und Schiller nannte. Auch später vermochte der Dichter die französische Literatur zu inspirieren. Alexandre Dumas d. Ä. übersetzte 1845 *Nussknacker und Mausekönig*, Charles Baudelaire schrieb in *L'essence du rire* (1855) über die Komik der hoffmannschen Märchen, darunter auch über den *Goldnen Topf*, und George Sand dramatisierte 1864 *Meister Floh*. Auch auf die französischen Symbolisten und Surrealisten ist Hoffmanns Einfluss nachweisbar.

Vor allem die französischen Komponisten trugen zur weltweiten Verbreitung hoffmannscher Stoffe bei, allen voran die Oper *Les contes d'Hoffmann* (*Hoffmanns Erzählungen*, Urauff. 1881) von Jacques Offenbach, die den Dichter in mehreren Episoden zum Helden seiner eigenen Fiktionen macht. Das darin auftauchende Automatenmotiv aus der Erzählung

■ Hoffmann und die französische Literatur

■ Hoffmann und die französische Musik

Der Sandmann hatte zuvor schon Adolphe Adam zu einer Operette (1852) und Léo Delibes zu einem Ballett (*Coppélia*, 1870) inspiriert.

In England erschien der *Goldne Topf* in der Übersetzung von Thomas Carlyle (1826) im Rahmen der vierbändigen Sammlung *German Romance* und brachte es unter dem Titel *The Golden Pot* zu einiger Popularität. Auch in der amerikanischen Literatur – etwa bei Edgar Allan Poe – hat Hoffmanns Wirkung ihre Spuren hinterlassen, ebenso in der russischen, beispielsweise in Nikolaj Gogols phantastischen Erzählungen *Die Nase* (1836) und *Der Mantel* (1842).

■ Weltweite Wirkung

9. Prüfungsaufgaben mit Lösungshinweisen

Literarische Erörterung:
Der goldne Topf als Kunstmärchen

Aufgabe

Benennen Sie die wesentlichen Züge eines Kunstmärchens. Diskutieren Sie, inwiefern diese Merkmale auf Hoffmanns *Goldnen Topf* anwendbar sind.

Lösungshinweise

Für den ersten Teil der Aufgabe finden sich im vorliegen-
den Band Informationen in folgenden Abschnitten dieses
Lektüreschlüssels:

- zum Unterschied zwischen Volksmärchen und Kunstmärchen (S. 22, 38, 43, 44 f.) sowie das Stichwort im
  Glossar (S. 104);
- zur sprachlichen Gestaltung das Kapitel »Die Sprache
  der Märchenwelt« (S. 41 f.)

Einen brauchbaren Ausgangspunkt für die Beantwortung
der zweiten Teilaufgabe bietet eine Analyse des ersten
Satzes des Märchens, da darin schon im Kern die wesentlichen Unterschiede zwischen Volksmärchen und Kunstmärchen zur Geltung kommen:

- der konkrete Schauplatz vor dem Schwarzen Tor in
  Dresden (S. 34 f.);
- das Setzen einer eindeutigen zeitlichen Markierung
  (S. 35 f.);

- der Held, der gleich zu Beginn wortwörtlich aus dem Gleichgewicht gerät – ein Hinweis vorab auf seine seelische Instabilität und seine Anfälligkeit für Wirklichkeitsverwirrung. Die Figuren des Kunstmärchens sind generell psychologisch differenzierter ausgearbeitet als jene des Volksmärchens. Vgl. zur Figur des Dummlings S. 21 f.

Weitere Ansätze zur Interpretation:

- literarische Einflüsse von Gozzi (S. 43 ff.), Mozarts *Zauberflöte* (S. 45 f.), Goethe (S. 46) und Novalis (S. 96 f., 77).
- Realität und Phantastik (S. 43, 53);
- das Einfließen konkreter zeitgeschichtlicher Momente im Kapitel »Märchenwelt und historischer Wandel« (S. 52 ff.);
- fehlende Eindimensionalität (45);
- Happy End (S. 9, 26 f.; dessen Problematisierung S. 51 f.).

Analyse: Die zwölfte Vigilie

Aufgabe

Analysieren Sie den Schlussabschnitt des Märchens hinsichtlich der Bedeutung für die Konstruktion der Erzählung.

Lösungshinweise

Hilfreiche Hinweise dazu finden sich in folgenden Abschnitten dieses Lektüreschlüssels:

- zum Inhalt: S. 19;
- zur Stellung innerhalb der Entwicklung von Anselmus (S. 57 ff.);
- zur Erzählsituation: S. 38 ff. Wichtig ist dabei, sich über den Unterschied zwischen Autor (= Teil der realen Welt) und Erzähler (= Teil der fiktiven Welt) im Klaren zu sein, obwohl es Parallelen zwischen der Biographie des realen Dichters Hoffmann und dem Erzähler im *Goldnen Topf* gibt;
- zum Atlantismythos: »mythische« Zeit (S. 36), *Heinrich von Ofterdingen* von Novalis (S. 46 f.), versunkenes Land und Versinken in der Elbe (S. 51 f.).

Der durch das persönliche Auftreten des Erzählers hergestellte Illusionsbruch ist eines der zahlreichen Beispiele für die variantenreichen Erzählexperimente Hoffmanns. Dadurch wird der *Goldne Topf* auch lesbar als die Geschichte eines Schriftstellers, dem das Verfassen seines Märchens nicht so einfach von der Hand geht. Zudem wird dadurch die ganze Erzählung wieder in der ›realen‹ Welt verankert:

- Alles lässt sich im Wissen um das ganze Märchen als Signal dafür lesen, dass die Binnengeschichte gar keinen Wirklichkeitsanspruch geltend macht, weil sie Werk einer Erzählerfigur ist und die Möglichkeitsbedingungen des Märchens auslotet.
- Dementsprechend verweisen die Kapitelbezeichnungen »Vigilien« nicht auf den Ablauf der Märchenhandlung, sondern auf die Nachtsitzungen, in denen der Erzähler, die Figur des Schriftstellers, die Geschichte niedergeschrieben hat.

- Das Schlusskapitel greift auch mehrere bislang in den Gang des Märchens eingearbeitete Handlungselemente wieder auf:
  - das Schreiben (vgl. Anselmus' Tätigkeit als Kopist);
  - mit dem Verschwinden Lindhorsts im brennenden Arrak das Element des Feuers (Feuergeist Salamander), des Alkohols (vgl. die Punschgesellschaft in der neunten Vigilie) sowie der Palmen (Palmenbibliothek Lindhorsts; Arrak wird aus Palmwein hergestellt).

Zugleich wird die ›reale‹ Welt des Erzählers in die Märchenwelt zurückgebunden und als eine ebenfalls fiktive Welt erkennbar:

- Der an sich zweifelnde Ich-Erzähler erhält einen Brief vom Archivar Lindhorst, also von einer seiner Figuren aus der erzählten märchenhaften Welt, der ihm eine Vision vom »Leben in der Poesie« (S. 102 im Text) ermöglicht.
- Auf diese Weise werden die getrennten Ebenen der Erzählerwelt und seiner erzählten Welt vermischt.
- Das lässt sich als Signal dafür lesen, dass »Dichten« ein Heraustreten aus der ›realen‹ Welt erfordert. Die Erzählerexistenz bleibt allerdings ambivalent, »von jähem Schmerz durchbohrt und zerrissen« (S. 101 im Text): Er bleibt letztlich im »Dachstübchen«, d. h. in der bürgerlichen Welt.

Literarische Erörterung:
Phantastische Tiere im *Goldnen Topf*

Aufgabe

Benennen und charakterisieren Sie die wichtigsten Tiere aus dem *Goldnen Topf*. Untersuchen Sie, welche Rolle sie in der Welt des Phantastischen spielen.

Lösungshinweise

Vorbemerkung: Hoffmanns Gesamtwerk bietet gleichsam ein Panorama verschiedenster Tierfiguren sowohl realistischer als auch phantastischer Natur. Wenn die gängigen Definitionen von Tier bzw. Mensch nicht mehr greifen, wenn die Grenzen zwischen diesen beiden Existenzformen überschritten werden, dann werden Kräfte des Wunderbaren wirksam, die das Bekannte unter verfremdendem Licht erscheinen lassen, so dass sie Züge des Unheimlichen, Grotesken oder satirisch Überzeichneten gewinnen. Beispiele dazu finden sich in Gestalten wie etwa dem Affen Milo, dem Hund Berganza oder Meister Floh. Besonders bekannt sind Kater Murr, ein Tier-Mensch-Hybrid, Philister mit den Zügen eines selbstherrlichen Pseudokünstlers, der aber seine animalischen Instinkte nicht ganz ablegen kann, und Klein Zaches, eine skurrile Gestalt, die als Musterbeispiel einer chamäleonhaften Schmarotzerexistenz gelten kann: insofern die Variation eines Zwischenwesens, als es in diesem Fall die

Charakteristika des Tierischen sind, die die menschliche Grundsubstanz überlagern.

Im *Goldnen Topf* tauchen phantastische Tiere in verschiedenen Formen und Funktionen auf. Die wichtigsten phantastischen Tiere sind die folgenden:

- **Schlangen**: meistens Serpentina, in der Regel als »goldgrün« oder »grün« schimmernd und mit dunkelblauen Augen beschrieben (z. B. im Text S. 10 f., 30–32, 44 f., 66–71), teils tritt sie mit ihren zwei Schwestern auf (z. B. S. 11, 32); es gibt aber auch andere Schlangen (z. B. S. 17, 25)
- **Drache**: schwarz, Bruder Lindhorsts (z. B. S. 24 f.)
- **Salamander**: Archivarius Lindhorst (z. B. S. 66–71, 75, 84–86, 88, 94 f., 97–102)
- **Kater**: groß und schwarz, Begleiter der Rauerin (z. B. S. 42 f., 56 f., 78 f., 86–88, 94)
- **Papagei**: groß und grau, Begleiter Lindhorsts (z. B. S. 49, 79 f., 86–88, 90, 94)

Sie haben folgende Funktionen:

- Die **Zerrissenheit von Anselmus** wird evident in seiner Wahrnehmung wunderbarer Tiere, die sich jedoch auch als reale Erscheinungen deuten lassen: Schlangen oder Reflexionen im Wasser der Elbe (vgl. S. 17), Schlange oder Klingelschnur (vgl. S. 25)? Lindhorsts drei Töchter erscheinen in Gestalt dreier Schlangen, wobei die verführerischste über dunkelblaue Augen verfügt – auch die Augenfarbe Veronikas. Die Vermischung dieser beiden Erscheinungen dient dem Zweck, dass Serpentina im Zusammenspiel mit unterschiedlichsten Sinnesreizen umso schneller Gewalt über Anselmus gewinnen kann. Somit präsentiert sich die Schlange in einem bewährten historischen Kontext, in dem sie sich unter Einfluss des Christentums als Symbol für das Verführerische, das Böse und den Teufel etabliert hat. Und so, wie der Teufel den sündigen Menschen am Ende holt, verschwindet auch Anselmus unter dem Einfluss von Serpentina am Schluss aus der Geschichte in ein anderes Reich.

- Lindhorsts Bruder wendet sich in Gestalt eines Drachens der dunklen Seite zu (S. 24), und Lindhorst selbst ist in Wahrheit ein Salamander – beides also wesensähnliche Erscheinungen, die mit dem Feuer in Verbindung stehen (vgl. auch die Symbolik der Lilie). Ihre phantastischen Biographien stehen für die Möglichkeit, die **Linie zwischen Tier und Mensch mittels Magie zu überschreiten**.

- Im Märchen treten Tiere entweder als **Helfer des Helden** oder als dessen **Gegenspieler** auf. So auch die beiden animalischen Dienergestalten im *Goldnen Topf*: auf der einen Seite der Kater, traditionell an der Seite von Hexen zu finden; auf der anderen Seite Lindhorsts ein sprechender und bebrillter grauer Papagei, der im großen Zauberkampf (vgl. S. 110 ff.), welcher mit der Parodie einer Höllenfahrt endet, am Ende siegreich bleibt.

10. Literaturhinweise / Medienempfehlungen

Textausgaben

E. T. A. Hoffmann: Der goldne Topf. Ein Märchen aus der neuen Zeit. Hrsg. von Heike Wirthwein. Stuttgart 2016. (Reclam XL. Text und Kontext. 19233.) – *Auf der Grundlage der gültigen amtlichen Rechtschreibung modernisiert. Mit Wort- und Sacherläuterungen sowie weiteren Materialien. Nach dieser Ausgabe wird zitiert.*

E. T. A. Hoffmann: Der goldne Topf. Ein Märchen aus der neuen Zeit. Nachw. von Hartmut Steinecke. Stuttgart 2015. (Reclams Universal-Bibliothek. 101.) – *Mit der Ausgabe Reclam XL seiten- und zeilengleiche Ausgabe des Werktexts.*

E. T. A. Hoffmann: Werke in sechs Bänden. Hrsg. von Hartmut Steinecke und Wulf Segebrecht. Frankfurt a. M. 1985 ff. – *Neueste Werkausgabe aus dem Deutschen Klassiker Verlag; darin »Der goldne Topf« Bd. 2/1, S. 229–321. Ein ausführlicher Anhang (S. 745–796) liefert nicht nur Erläuterungen zum Text, sondern informiert u. a. über Entstehung, Quellen, Wirkung, Deutungsaspekte und Lesarten.*

Sekundärliteratur

Zum *Goldnen Topf*

Jaffé, Aniela: Bilder und Symbole aus E. T. A. Hoffmanns Märchen »Der goldne Topf«. Hildesheim 2010. – *Ein ursprünglich bereits 1950 erschienener tiefenpsychologischer Zugang zum Textverständnis.*

Martini, Fritz: Die Märchendichtungen E. T. A. Hoffmanns. In: Der Deutschunterricht 7 (1955) H. 2. S. 56–78. – *Thema der hoffmannschen Märchen ist die Utopie der Erlösung, die jedoch nur in der Phantasie möglich ist. Der Humor ermöglicht die Rettung vor den Anforderungen der Wirklichkeit.*

Oesterle, Günter: E. T. A. Hoffmann: Der goldne Topf. In: Erzählungen und Novellen des 19. Jahrhunderts. Bd. 1. Stuttgart 2011. S. 181–220. – *Modelliert die Verbindung zwischen naturphilosophischen und ästhetikgeschichtlichen Elementen heraus, speziell das Kunstprinzip der manieristischen »figura serpentinata«.*

Ringel, Stefan: Realität und Einbildungskraft im Werk E. T. A. Hoffmanns. Köln/Weimar/Wien 1997. – *Im Mittelpunkt der Untersuchung steht das Verhältnis von Innenwelt und Außenwelt sowie die Rolle der Phantasie. Ein Überblick über die Forschungsgeschichte (S. 10–39) unterstreicht die Vieldeutigkeit der Texte E. T. A. Hoffmanns. Zu »Der goldne Topf«: S. 94–149.*

Wührl, Paul-Wolfgang: Erläuterungen und Dokumente: E. T. A. Hoffmann: Der goldne Topf. Stuttgart [9]2004. (Reclams Universal-Bibliothek. 8157.) – *Bietet Wort-*

und Sacherklärungen, Aspekte der Interpretation, Dokumente zur Entstehungs- und Wirkungsgeschichte sowie eine aktualisierte Bibliographie – ein unverzichtbares Kompendium, sowohl für den ersten Überblick als auch für die weitere Vertiefung in den Text.

Zu Autor und Werk

Gröble, Susanne: E. T. A. Hoffmann. Stuttgart 2000. – *In erster Linie an Schüler und Studierende gerichtet, bietet der Band aus der Reclam-Reihe »Literaturwissen« eine Einführung zu Leben und Werk samt ausführlicher Bibliographie (S. 89–98). Zu »Der goldne Topf«: S. 29–35.*

Günzel, Klaus (Hrsg.): E. T. A. Hoffmann. Leben und Werk in Briefen, Selbstzeugnissen und Zeitdokumenten. Berlin [Ost] 1976. – *Ein Bild der Persönlichkeit des Dichters aus der Privatkorrespondenz und amtlichen Schreiben, aus Tagebucheintragungen und Protokollen. Ergänzt werden die kommentierten Quellenstellen durch zahlreiches Bildmaterial (Porträts, Karikaturen) und einen Aufsatz »E. T. A. Hoffmann und die Nachwelt« (S. 489–494).*

Hitzig, Julius Eduard: E. T. A. Hoffmanns Leben und Nachlaß. Mit Anm. zum Text und einem Nachw. von Wolfgang Held. Frankfurt a. M. 1986. – *Die erste Biographie des Dichters, verfasst von einem Kollegen und Freund und 1823 veröffentlicht, ist als Quelle nicht unumstritten, verfügt aber über dokumentarischen Wert.*

Kaiser, Gerhard R.: E. T. A. Hoffmann. Stuttgart 1988. (Sammlung Metzler. 243.) – *Berücksichtigt nicht nur* den Dichter Hoffmann in Werkanalysen und Darstellungen übergreifender Aspekte, sondern auch den Zeichner, den Musiker und den Juristen. Zu »Der goldne Topf«: S. 37 f., die – leider noch nicht auf den neuesten Stand gebrachte – Bibliographie dazu: S. 43 f.

Kleßmann, Eckart: E. T. A. Hoffmann oder Die Tiefe zwischen Stern und Erde. Eine Biographie. Mit zeitgenössischen Abbildungen. Stuttgart 1988. – *Zwar lässt die Darstellung zuweilen die Distanz zu der von ihr beschriebenen Person vermissen, doch besticht sie durch die Fülle an beigesteuerten Materialien ebenso wie durch den detailreich ausgeleuchteten historischen und gesellschaftlichen Hintergrund. Auch als Insel-Taschenbuch erhältlich (Frankfurt a. M. / Leipzig 1995; zu »Der goldne Topf«: S. 284–308).*

Kremer, Detlef: E. T. A. Hoffmann. Erzählungen und Romane. Berlin 1999. (Klassikerlektüren. 1.) – *Gibt über die wichtigsten Texte des Dichters einen philologischen Überblick, der jeweils Entstehung, Einflüsse, zeitgenössische Rezeption und Forschungsgeschichte umfasst, und legt darüber hinaus Anregungen zur Deutung vor. Zu »Der goldne Topf«: S. 15–39.*

Kremer, Detlef (Hrsg.): E. T. A. Hoffmann. Leben – Werk – Wirkung. Berlin / New York 2009. – *Nicht nur der Schriftsteller Hoffmann befindet sich im Visier dieses umfangreichen Kompendiums, sondern auch der Musiker und Jurist. Neben ausführlichen Analysen seiner Erzähltexte versammelt ein lexikalischer Teil Aspekte zu typischen Themen, Motiven und poetologischen Fragen. Weitere Kapitel liefern einen Grundriss seiner Biogra-*

phie und geben Informationen zum zeitgenössischen kulturellen und wissenschaftsgeschichtlichen Hintergrund sowie zur Rezeption. Zu »Der goldne Topf« (Uwe Wirth): S. 114–131.

Lubkoll, Christine / Harald Neumeyer (Hrsg.): E. T. A. Hoffmann-Handbuch. Leben – Werk – Wirkung. Stuttgart 2015. – *Ein Band aus der bewährten Reihe der im Metzler-Verlag verlegten Autoren-Handbücher. Etwa die Hälfte des Buches ist Werkbesprechungen gewidmet, wobei das Textkorpus breiter angelegt ist als in dem in der Konzeption sehr ähnlichen Hoffmann-Lexikon von Detlef Kremer. Darüber hinaus werden u. a. spezielle Motiv- und Themenfelder abgedeckt, z. B. »Geld«, »Tiere« oder »Wahnsinn«. Weitere Kapitel widmen sich der Ästhetik und Poetik Hoffmanns sowie seiner Wirkung. Zu »Der goldne Topf« (Marion Schmaus): S. 27–32.*

Ponert, Dietmar J.: E. T. A. Hoffmann – Das bildkünstlerische Werk. Ein kritisches Gesamtverzeichnis. Bd. 1: Text. Bd. 2: Abbildungen. Hrsg. von der Staatsbibliothek Bamberg. Petersberg 2012. – *Grundlagenwerk zur Bedeutung Hoffmanns als Maler und Zeichner, das nicht nur Originale beschreibt und kommentiert, sondern auch Werke, die nur in Reproduktionen erhalten oder in Textzeugnissen erwähnt sind.*

Steinecke, Hartmut: E. T. A. Hoffmann. Stuttgart 1997. – *Eine sehr übersichtliche, kenntnisreiche und informative Darstellung von Leben, Werk und Wirkung nebst weiterführenden Literaturhinweisen. Zu »Der goldne Topf«: S. 83–91.*

Zur Epoche

Borries, Erika von / Ernst von Borries: Romantik. München 1997. (Deutsche Literaturgeschichte. Bd. 5.) – *Wie die anderen Bände der dtv-Literaturgeschichte überzeugt auch dieser Band durch transparente Gliederung wie durch allgemein verständliche Darstellung und bietet zahlreiche Einzelinterpretationen repräsentativer Texte, darunter auch zum »Goldnen Topf« (S. 261–278).*

Kohlschmidt, Werner: Geschichte der deutschen Literatur von der Romantik bis zum späten Goethe. Stuttgart 1974. (Geschichte der deutschen Literatur von den Anfängen bis zur Gegenwart. 3.) – *Im Wesentlichen biographisch orientiert, werden in den Werkanalysen zahlreiche geistesgeschichtliche Querbezüge freigelegt. Zu E. T. A. Hoffmann: S. 383–421; zum »Goldnen Topf«: S. 395–397.*

Möller, Horst: Fürstenstaat oder Bürgernation. Deutschland 1763–1815. Berlin 1989. (Siedler Deutsche Geschichte. 7. Paperbackausgabe 1998.) – *Sehr empfehlenswert für das Studium der historischen Grundlagen, nicht nur der vielfältigen Zugänge wegen, sondern auch dank der optisch gefälligen Aufbereitung.*

Sautermeister, Gerd / Ulrich Schmid (Hrsg.): Zwischen Revolution und Restauration 1815–1848. München/Wien 1998. (Hansers Sozialgeschichte der deutschen Literatur vom 16. Jahrhundert bis zur Gegenwart. Bd. 5.) – *Auf über 750 Seiten gibt der Band in zahlreichen Aufsätzen Auskunft über das zeitgenössische literarische Leben, das Leseverhalten und die Beziehungen zwischen Literatur und Politik innerhalb der verschiedenen Gattungen. Auch als dtv-Paperback erschienen.*

Schanze, Helmut (Hrsg.): Romantik-Handbuch. Stuttgart 2003. – *Erfasst die Epoche nicht nur aus dem Blickwinkel der Literatur, sondern auch aus dem der Geschichte, der bildenden Kunst, der Musik und der Wissenschaften. Ein Personenlexikon mit etwa 230 Einträgen rundet den Band ab.*

Schulz, Gerhard: Die deutsche Literatur zwischen Französischer Revolution und Restauration. 2 Bde. München 2000 und 1989. (De Boor / Newald [Hrsg.]: Geschichte der deutschen Literatur. Bd. 7/1 und 7/2.) – *Der Autor verbindet in seiner Darstellung von Klassik und Romantik fachliche Kompetenz mit einer eingängigen, klaren sprachlichen Präsentation.*

Weitere Medien

Eine etwa vierstündige Lesung des Märchens, gesprochen von Kaja Sesterhenn, gibt es als MP3-Download auf www. hoergut-verlag.de.

Eine Reihe von Hoffmanns Kompositionen ist in den letzten Jahren auf CD erschienen. Besonders das Label CPO hat sich darum verdient gemacht, etwa mit Aufnahmen seiner Sinfonie in Es-Dur *(777 208-2), seiner Kammermusik (999 309-2) oder seiner* d-moll-Messe *(777 832-2).*

Unter der Adresse **www.etahg.de** *tritt die in Bamberg ansässige E. T. A. Hoffmann-Gesellschaft im Netz auf und bietet u. a. eine Übersicht über aktuelle Publikationen und Veranstaltungen, ausführliche bibliographische Angaben sowie weiterführende Links an.*

11. Zentrale Begriffe und Definitionen

Allegorie: Als Form einer indirekten Aussage (griech. *állos* ›anders‹; *agoreúo* ›eindringlich sprechen‹) überführt die Allegorie einen abstrakten Begriff in etwas Konkretes, Anschauliches. Dies kann in Form einer Personifikation geschehen (die Darstellung des abstrakten Begriffs »Gerechtigkeit« als Frau mit Augenbinde, Schwert und Waage), allerdings nicht unbedingt zwangsläufig (Vorstellung vom Staat als Schiff, das von Krisen bzw. Stürmen gebeutelt wird). Anders als das Symbol, das *für* etwas Gemeintes steht, *ist* die Allegorie tatsächlich das Gemeinte. So erscheint beispielsweise das Skelett mit Sanduhr und Sense, das allegorisch den Tod repräsentiert, auf Totentanzdarstellungen als handelndes Subjekt.

➤ S. 27

Anapäst: dreisilbiger Versfuß, bestehend aus zwei unbetonten (bzw. kurzen) Silben am Anfang und einer betonten (bzw. langen) am Ende: xxx (griech. *anapaistos* zurückgeschlagen). Beispiele: Ge-ne-*ral*, Ka-na-*pee*, Re-qui-*sit*.

➤ S. 42

Autor: allgemeine Bezeichnung für den (realen) Verfasser von fiktionalen (literarischen) oder nicht-fiktionalen (sachbezogenen) Texten (lat. *auctor* ›Urheber, Schöpfer‹); ist vom ➤ Erzähler zu unterscheiden.

➤ S. 10, 62 ff.

Avantgardistisch: häufig als Synonym für »modern« gebraucht. Eigentlich kommt der Begriff aus dem Militärwesen, wo er eine Vorhut oder einen Spähtrupp bezeichnet (frz. *avant* ›vor‹, *garde* ›Wache‹). In diesem Sinne sind avantgardistische Künstler bildlich zu verstehen als Vorkämpfer, die sich auf noch unvertrautem Terrain bewegen.

➤ S. 75

Bildungsroman: In der Form einer fiktiven Biographie gehalten, begleitet dieses Genre seinen Helden auf dem Prozess seiner Selbstfindung und geistigen Reifung und legt in der Darstellung ihr Gewicht darauf, wie sich die innere Entwicklung vollzieht, welche Einflüsse der Umgebung – speziell der Künste – geltend gemacht werden können und welchen Platz die Hauptfigur schließlich in der Gesellschaft findet.

Als erster deutschsprachiger Bildungsroman gilt Christoph Martin Wielands *Die Geschichte des Agathon* (1766/67). Mit *Wilhelm Meisters Lehrjahre* (1795/96) lieferte Goethe ein Werk, das zwar immer als Muster für die Gattung angeführt wird, allerdings nur mit Einschränkungen als solches lesbar ist. Unbestritten ist jedoch, dass damit eine Vorgabe geschaffen wurde, an der sich die Zeitgenossen in der Folge abarbeiteten: beispielsweise Friedrich Hölderlin (*Hyperion*; 1797/98), Ludwig Tieck (*Franz Sternbalds Wanderungen*; 1798), Novalis (*Heinrich von Ofterdingen*; 1798) sowie E. T. A. Hoffmann mit seinem *Kater Murr* (1819/21).

➤ S. 51

Doppelgänger: Den Begriff hat Hoffmanns Zeitgenosse Jean Paul in seinem Roman *Siebenkäs* (1796/97) geprägt: »Doppeltgänger heißen Leute, die sich selbst sehen«. Die irritierende Vorstellung von einer Person, deren Aussehen dem einer anderen aufs Haar gleicht, durchzieht die unterschiedlichsten literarischen Gattungen. Das Konfliktpotential für die Verwechslungskomödie liefert in der Regel eine Täuschung, die auf verwandtschaftlicher Ähnlichkeit beruht (z. B.: Shakespeares *Komödie der Irrungen*), allerdings sind – wie im Zauberstück – dabei auch übernatürliche Eingriffe möglich. Die Schauerliteratur stößt stärker ins Reich des Unbewussten vor, legt das Schwergewicht auf die psychopathologische Dimension und rückt das Motiv in die Nähe von Wahnsinn, Identitätsverlust und Ich-Spaltung, indem sie den Doppelgänger zum Spiegel der Seele mit all ihren Hoffnungen, Wünschen und Ängsten macht.

In der Geniezeit fand das Doppelgänger-Motiv großes Echo (z. B. bei Goethe, Kleist, Chamisso oder Achim von Arnim), keiner hat es aber in einer dermaßen großen Bandbreite behandelt wie E. T. A. Hoffmann: so beispielsweise in *Die Elixiere des Teufels* (1815/16), *Der Sandmann* (1816), *Prinzessin Brambilla* (1820), *Der Doppelgänger* (1821) sowie in der Doppelerzählung *Die Irrungen / Die Geheimnisse* (1820/21). Der Autor variiert das Motiv dabei in mannigfaltiger Form: *Die Abenteuer der Sylvester-Nacht* (1815) erzählen die Geschichte von einem verlorenen Spiegelbild, und in *Das Fräulein von Scuderi* (1820) taucht eine Figur auf, die in zwei unterschiedlichen Identitäten – nämlich als Künstler und als Verbrecher – lebt.

➤ S. 28 ff., 31

Erzähler: Der Erzähler ist vom ➤ Autor zu unterscheiden. Er ist eine (fiktive) Instanz, die vom (realen) Autor erfunden worden ist, um die Geschichte zu präsentieren. Bei der Untersuchung des Erzählers unterscheidet man verschie-

dene Aspekte: Zum einen wird zwischen dem Ich-Erzähler und dem Er-/Sie-Erzähler differenziert:

Ich-Erzähler	• gehört der Figurenwelt an • erzählt Geschichte, die er selbst erlebt hat
Er-/Sie-Erzähler	• Erzähler ist nicht Teil der Figurenwelt • erzählt Geschichte, an der er selbst nicht beteiligt ist

Bezüglich des Erzählverhaltens unterscheidet man zwischen dem neutralen, dem personalen und dem auktoria-
len Verhalten:

neutrales Erzähl-verhalten	• Erzähler ist distanziert und objektiv, keine Wertungen und Einmischungen • nur äußere Vorgänge dargestellt, Gedanken und Empfindungen von Figuren nur, soweit sie äußerlich erkennbar sind
personales Er-zählverhalten	• Erzähler übernimmt die Sicht einer der handelnden Figuren • Darstellung ist beschränkt darauf, was diese Figur wissen, sehen, hören oder fühlen kann
auktoriales Er-zählverhalten	• Erzähler ist allwissend: kennt die Handlung, die Gedanken der Figuren • bewertet und kommentiert • greift mit Vorausdeutungen oder Rückblicken in das Geschehen ein und leitet den Leser

Im *Goldnen Topf* mischen sich die Erzählertypen und das Erzählverhalten. Meistens spricht ein auktorialer Er-Erzähler. Es kommen aber auch Passagen mit personalem Erzählverhalten vor, und der vierten, siebten, zehnten und zwölften Vigilie wechselt der Erzähler in die Ich-Form und wendet sich direkt an den Leser.

➤ S. 7, 19, 20, 38 ff.

Figur: fiktive Person (lat. *figura* ›Gestalt, Gebilde‹), die als handelnd erscheint. Man kann je nach Bedeutung für die Handlung zwischen Haupt- und Nebenfiguren unterscheiden. Im *Goldnen Topf* ist Anselmus die Hauptfigur.

➤ S. 20

Fiktion: In der Literatur werden nichtwirkliche Sachverhalte als wirklich dargestellt (lat. *fictio* ›Gestaltung, Erdichtung‹; vgl. auch *fingere* ›sich ausdenken‹). Alle am Kommunikationsprozess Beteiligten sind sich dessen bewusst, dass es sich bei den vermittelten Inhalten um eine Täuschung, um die Präsentation einer nicht oder nur zum Teil realen Welt handelt – nicht zu verwechseln also mit dem Fingierten, wo ganz entschieden mit der Absicht des Hintergehens und des Betrugs gearbeitet wird.

➤ S. 39 f.

Freierprobe: Um die Hand einer Frau zu gewinnen, muss ein Brautwerber zunächst eine Aufgabe bewältigen, die ihm vom Vater, vom Bruder, einem anderen Verwandten oder ihr selbst gestellt wird. Diese Proben können unterschiedlich gestaltet sein – etwa als Rätselaufgabe, als Wettkampf, als Mutprobe oder als Wahl eines richtigen Kästchens wie in Shakespeares *Der Kaufmann von Venedig*. Sie fordern vom Freier Qualitäten wie Intelligenz,

Schlauheit, Mut oder Kraft, sind in der Regel aber so angelegt, dass sie nicht zu bewältigen sind und der Brautwerber sein Scheitern zuweilen sogar mit dem Leben bezahlen muss.

Berühmte literarische Beispiele für Frauen, die auf diese Art umworben werden, sind Penelope aus Homers *Odyssee*, Brünhild aus dem *Nibelungenlied* oder die chinesische Prinzessin Turandot. E. T. A. Hoffmann greift auf dieses aus Mythen und Märchen bekannte Motiv auch in *Die Brautwahl* (1819) zurück, ebenso in der Erzählung *Meister Martin der Küfner und seine Gesellen* (1818). Die dort auftauchende Singprobe verwendete Richard Wagner in seiner Oper *Die Meistersinger von Nürnberg* (1868) als handlungstragendes Element.

➤ S. 46

Gothic Novel: In der zweiten Hälfte des 18. Jahrhunderts entstand in England mit dem Schauerroman ein vorromantisches Genre, das mit den Mitteln der Spannungsliteratur Antwort auf den herrschenden Rationalismus gab. In Gothic Novels (engl., ›gotische Romane‹) treten neben exzentrischen Hauptfiguren Standardtypen wie etwa die unschuldige Jungfrau, der bösartige Tyrann oder der zwielichtige Geistliche auf. Düstere und unheimliche Schauplätze (z. B. Schlösser und Klöster), vornehmlich auf dem Kontinent angesiedelt, werden von bizarren Bösewichten, außergewöhnlichen Verbrechen und phantastischen, übernatürlichen Begebenheiten heimsucht.

Auf Horaces Walpoles *The Castle of Otranto* (1764) folgen mit Werken von William Beckford, Ann Radcliffe, Matthew Lewis oder Mary Wollstonecraft Shelley weitere

Beispiele des frühen Schauerromans. In Deutschland fand diese literarische Form ihr Echo bei E. T. A. Hoffmann (*Die Elixiere des Teufels*; 1815/16) bis hin zu Patrick Süskinds *Das Parfüm* (1985).

➤ S. 72

Hypermotorik: übermäßige, unkontrollierte und spontane Bewegungsaktivität aufgrund starker Erregungszustände (griech. *hypér* ›übermäßig, übertrieben‹; lat. *movēre* ›bewegen‹), auch als »Bewegungssturm« oder »Hyperkinesie« bezeichnet. Zeigt sich auch als Symptom bei Epilepsie oder Schizophrenie.

➤ S. 54

Ich-Erzähler ➤ Erzähler.

Karlsbader Beschlüsse: Nach der Ermordung des Dramatikers und russischen Staatsrates August von Kotzebue durch einen fanatischen Theologiestudenten tagte im August 1819 im böhmischen Karlsbad (heute Karlovy Vary) auf Initiative Metternichs eine Versammlung von Vertretern deutscher Staaten, um liberale und nationale Bewegungen einzudämmen. Das Ziel, innerhalb des Deutschen Bundes durch striktes Unterbinden von Protestbewegungen innenpolitische Ruhe zu erreichen, wurde dadurch erkauft, dass man fortschrittliches Gedankengut mundtot machte. Dies geschah durch die Überwachung von Universitäten, durch Zensur und durch Verfolgung von potentiellen Umstürzlern. Als Instrumentarium zur geistigen Unterdrückung blieben die Karlsbader Beschlüsse bis 1848 in Kraft.

➤ S. 69

Kunstmärchen: Beim Märchen (Verkleinerungsform von

mhd. *mære* ›Botschaft, Kunde‹) handelt es sich um eine urtümliche Form des Erzählens, die bis in die Zeit der frühen Hochkulturen zurückgeht. Kennzeichen sind u. a.:

- die Loslösung vom Wirklichkeitsbezug hinsichtlich Raum, Zeit und Kausalität;
- nicht individuell gezeichnete Personen, die gewissen Typen entsprechend agieren;
- einsträngiges, geradliniges Erzählen;
- schlichte, formelhafte Sprache;
- das unhinterfragte Auftauchen des Wunderbaren und Phantastischen;
- die eindeutige, klar erkennbare Trennung in Gut und Böse;
- das gute Ende, häufig versehen mit einer eindeutigen Moral: Das Gute wird belohnt, das Böse bestraft.

All diese Merkmale gelten für das Volksmärchen, ursprünglich mündlich überliefertes Erzählgut, das erst später schriftlich festgehalten wurde. Berühmtestes Beispiel dafür sind die *Kinder- und Hausmärchen* von Jacob und Wilhelm Grimm (1812, 2. Aufl. 1819).

Kunstmärchen tauchen im deutschsprachigen Raum unter dem Einfluss französischer Rokokodichtung erstmals im 18. Jahrhundert auf. Einerseits greifen sie auf die genannten Merkmale des Volksmärchens zurück, andererseits werden diese – teils unter deutlicher Einwirkung des herrschenden Zeitgeists – negiert oder parodiert. Sie sind auch nicht mündlich tradiert, sondern Produkte namentlich bekannter Autoren: neben E. T. A. Hoffmann etwa

Ludwig Tieck (*Der Runenberg*; 1804), Friedrich de la Motte Fouqué (*Undine*; 1811), Clemens Brentano (*Gockel, Hinkel und Gackeleia*; 1811/38) oder Wilhelm Hauff. Die Weltflucht, die die Lektüre der Kunstmärchen dem Leser offeriert, wird im *Goldnen Topf* sogar selbst zum Thema.

Die Romantiker sahen in diesem Genre die ideale Textsorte zur poetischen Gestaltung der Verschmelzung von Gewöhnlichem und Wunderbarem. Ihre Märchen gehen parallel mit der Tendenz, die Volkstradition in Gestalt von Märchen, Sagen und Volksliedern aufzuzeichnen.

➤ S. 7, 43, 45

Librettist: Verfasser eines Librettos (ital., ›Büchlein‹, Verkleinerungsform zu *libro* ›Buch‹), also einer Textvorlage für ein musikalisches Werk, etwa eine Oper oder Operette.

➤ S. 45

Mesmerismus: Diese vom österreichischen Heilpraktiker Franz Anton Mesmer (1734–1815) begründete Lehrmeinung sah in jedem menschlichen Körper eine Quelle magnetischer Ausstrahlung. Über die unsichtbare Flutmaterie lasse sich so eine Verbindung zwischen Lebewesen herstellen. Mesmer sah sich selbst im Übermaß mit diesem »Animalischen Magnetismus« ausgestattet und zelebrierte seine Heilmethoden in Gruppenzirkeln. Er fand ebenso begeisterte Anhänger wie erbitterte Gegner – letztere erwuchsen ihm vor allem aus akademischen Kreisen. Für seine Feinde war er nicht mehr als ein windiger Scharlatan, der Wien wegen eines Skandals hatte verlassen müssen und dessen zufällige Heilerfolge bloß auf Autosuggestion und Einbildungskraft zurückzuführen waren.

Während der Animalische Magnetismus aus heutiger Perspektive als Sackgasse der Psychologie gilt, stieß er bei seinen Zeitgenossen auf großes Interesse – speziell bei den Romantikern, die sich ohnehin für das Herbeiführen veränderter Bewusstseinszustände und damit für jegliche Art von psychischer Entgrenzung begeistern konnten.

E. T. A. Hoffmann hat auf Mesmers Lehre in verschiedenen Werken Bezug genommen. So reflektiert *Der Magnetiseur* (1814) zeitgenössische Diskurse über Traum und Schlafwandlerei, und in der unter dem Titel *Rath Krespel* (1818/19) bekannt gewordenen Erzählung aus den *Serapionsbrüdern* wird ein Violinspieler mit einem Magnetiseur verglichen: So wie eine Hypnotisierte durch den Arzt in Erregungszustände versetzt wird, kann der Virtuose das tote Holz des Instruments durch seine Kunst zum Leben erwecken.

➤ S. 72

Metamorphose: allgemein eine Form- oder Zustandsveränderung (griech. *metamórphosis* ›Umgestaltung‹), Veränderung oder Verwandlung; als Begriff ebenso in der Biologie und Geologie heimisch wie in Mythologie, Literatur und Musik.

➤ S. 37

Phantastisches: In der Literaturwissenschaft werden Phantastik und phantastische Literatur (griech. *phantázesthai* ›erscheinen, sichtbar werden‹) unterschiedlich definiert. Allgemeines Kennzeichen ist die Entgrenzung einer vertrauten, durch Naturgesetze geordneten und realistisch gezeichneten Ebene durch den Einbau von wirklichkeitsfremden, irrealen, übernatürlichen oder zauberhaften Elementen. Hinzu kommt. dass der Leser durch die Art

verunsichert wird, was die Präsentation der phantastischen Welt betrifft – etwa durch die im *Goldnen Topf* an-
gewendeten erzählerischen Tricks, die das fiktive Geschehen sowohl als Märchen als auch als Hirngespinst lesbar
machen.

➤ S. 9, 27, 36 f., 49 ff., 78

Philister: ursprünglich eine Bezeichnung für ein – u. a. im
Alten Testament erwähntes – Volk im heutigen Palästina,
später in der Studentensprache Ausdruck für die Bezeichnung eines kunstfernen und unbedarften Spießbürgers,
dem jede Abweichung von einem geradlinigen Lebens-
konzept ein Gräuel ist. Für die Autoren der Romantik wie
Brentano oder Hoffmann wurde er zur belächelten Spott-
figur und Zielscheibe satirischen Schreibens.

➤ S. 22, 25, 32 f.

Pseudonym: Vom Verfasser gewählter Deckname (griech.
pseudōnymos ›fälschlich so genannt‹), der die wahre Identität verschleiern soll. Die Gründe dafür sind unterschiedlich, reichen von Vermeidung strafrechtlicher Verfolgung
über ästhetische Motive bis hin zur Lust am Versteckspiel.

➤ S. 34

Restauration: Nach dem Sturz Napoleons I. erklärte der
Wiener Kongress (1814/15) die Wiedererrichtung der vor-
revolutionären Ordnung (lat. *restaurare* wiederherstel-
len) zu einem seiner vorrangigen Ziele. Dies sollte etwa
dadurch erreicht werden, dass abgesetzten Dynastien wie
den französischen Bourbonen die Rückkehr an die Macht
ermöglicht wurde. In der Geschichtsforschung hat sich
der Begriff als Bezeichnung für die Periode bis zur Revolution von 1848 eingebürgert, indem er durch eine allgemei-

ne gesellschaftspolitische Komponente erweitert wurde. Als restaurative Kräfte bezeichnet man all jene, die – getrieben vom Geist der Reformfeindlichkeit – das Rad der Geschichte anhalten oder zurückdrehen wollten und energisch gegen die Ideen des Liberalismus und des Nationalismus auftraten.

➤ S. 55 f.

Rheinbund: Im Zuge der Napoleonischen Kriege bedeutete die Gründung der »Confédération du Rhin« einen weiteren Schritt zur Durchsetzung französischer Machtinteressen gegenüber Deutschland. Auf Betreiben Napoleons I. stellten sich 16 süd- und westdeutsche Fürsten unter dessen Schirmherrschaft und sagten sich am 1. August 1806 förmlich von Kaiser und Reich los. Kaiser Franz II. sah sich wenige Tage später gezwungen, die römisch-deutsche Krone niederzulegen. Das Heilige Römische Reich Deutscher Nation hatte damit zu existieren aufgehört.

Später traten 20 weitere deutsche Staaten dem Rheinbund bei, so dass dieser insgesamt etwa ein Drittel des gesamten Reichsgebiets umfasste. Mit der Kontrolle dieser Satellitenstaaten, die dem Franzosenkaiser auch Truppenkontingente für seine Feldzüge stellen mussten, gelang es Napoleon, die Machtposition der Habsburger zu schwächen. Für ihre Bereitwilligkeit wurden die Rheinbundfürsten durch Standeserhöhungen belohnt, außerdem erfuhren die politischen und gesellschaftlichen Strukturen ihrer Territorien einen Modernisierungsschub. Der Rheinbund erlosch, als ab 1813 während der Freiheitskriege auch Napoleons Stern im Sinken begriffen war.

➤ S. 54

Romantische Ironie: Ironische Äußerungen (griech. *eirō-neía* ›Vortäuschung‹) lassen eine bewusst durchsichtig betriebene Verstellung des Sprechers durchschimmern, sind in der Regel mit Herabsetzung verbunden und verknüpfen Kritik, Spott und Humor miteinander. In der Zeit der Romantik wurde der Ironiebegriff von Theoretikern wie Friedrich Schlegel oder Adam Müller auf Kunst und Literatur angewendet. Diese »romantische Ironie« präsentiert sich als nicht eindeutig umrissenes ästhetisches Denkmodell und wurde in der Folge häufig eingeengt auf eine Darstellungstechnik, die das Gemachte eines Kunstwerks bewusst machen will, indem der Schöpfer selbst die Aufhebung der Illusion innerhalb seiner Schöpfung betreibt.

➤ S. 10, 40

Satire: Schon die ursprüngliche Wortbedeutung (lat. *satura* ›mit buntem Obstallerlei gefüllte Opferschale‹) weist darauf hin, dass man es mit einer Textsorte zu tun hat, die sich nicht so ohne weiteres ins gängige Gattungsschema einreihen lässt, sondern gleichermaßen als erzählender Text, als Gedicht oder Drama auftreten kann. Als Tendenzdichtung mit belehrender Stoßrichtung verfolgt sie das Ziel, mittels Spott (und meistens mit Komik) bestehende Zustände zu entlarven und zu attackieren, allerdings auf indirektem Weg, etwa durch Ironie, falsches Pathos oder durch Über- bzw. Untertreibung.

➤ S. 69, 75

Schauerroman: ➤ Gothic Novel

Stegreifkomödie: Form des Lachtheaters, in dem die Dialogpartien während der Vorstellung aus der momentanen

Situation heraus improvisiert wurden. Im 18. Jahrhundert geriet diese – etwa im ➤ Wiener Volkstheater gepflegte – Form der Darstellung aus ästhetischen und zensurpolitischen Gründen unter Druck.

➤ S. 43

Synästhesie: Zusammenführen unterschiedlicher Sinneseindrücke (griech. *synaisthanomai* ›zugleich wahrnehmen‹), beispielsweise Akustisches und Visuelles in der Wendung »schreiende Farben«. In der Romantik eine beliebte rhetorische Figur.

➤ S. 42

Telepathie: in der Wissenschaft umstrittenes parapsychologisches Phänomen (griech. *tēle* ›fern, weit‹; *páthos* ›Einwirkung, Erfahrung‹), das es zwei oder mehreren Personen ermöglicht, auf rein gedanklicher Basis und ohne Zuhilfenahme der Sinnesorgane miteinander in Verbindung zu treten.

➤ S. 72

Volksmärchen: ➤ Kunstmärchen

➤ S. 21 f., 38, 45

Wiener Volkstheater: Als Gegengewicht zum Hoftheater prägte sich im Wien des 18. Jahrhunderts eine volkstümliche Form dramatischer Darbietung aus, die von provinziellen Zügen und – durch Bühnenmaschinerie unterstützt – von phantastischen Elementen durchsetzt war und mit ihrem Hang zum Grotesken z. T. ➤ avantgardistische Züge des absurden Theaters vorwegnahm.

➤ S. 45